# 超《スーパー》コスパのいい家のつくり方

酒井忠雄（ウッドシップ）

JN082655

X-Knowledge

『超コスパのいい家』という戦略は、その名の通り、「格段にコストパフォーマンス（費用対効果）の高い家」のことです。もう少し分かりやすくいえば、「同じ性能や仕様で比べて明らかに安い家（注文住宅）」になります。これだけ聞くと規模の大きな住宅会社が有利な戦略のように感じるかもしれませんが、誠実に家づくりをしている小さな工務店こそ取り組みやすく、かつ地域に必要とされる会社になれる手段であると考えています。また、これから住宅購入を検討される方にとっても『超コスパのいい家』の考え方は、工務店・ハウスメーカー選びの比較検討の指針となることでしょう。

12年ほど前、私が一人で工務店を立ち上げたときから、国産材のスギ・ヒノキなどの自然素材を使いつつ、高い省エネ性能や耐震性能を確保した住宅をいかに低価格で供給できるかを考えつづけてきました。そして、設計・施工・資材調達・働き方などさまざまな側面で試行錯誤を繰り返しながらコスト削減を図り、ようやく形になったのが、「超コスパのいい家」です。この間、地域の方々の支持を得て会社の業績は右肩上がりで、社員12名、年間25棟の規模まで成長しました。しかし、本編でも述べていますが、これ以上商圏や会社規模の拡大を追及するつもりはありません。一方で、私が「超コスパのいい家」で実践してきたことは、住宅業界で働く方や一般の方にも参考になる点があるのではないかと考えるようになりました。そこで、本書では「超コスパのいい家」の考え方やノウハウを具体的に解説しました。

現在の日本社会は、経済的格差が広がりつつあります。住宅においても最先端の住宅性能や上質の仕上げや造作が施された空間をもつ高額の住宅と、一般的な性能・仕様の戸建て住宅とでは明らかに居住性は異なります。よりよい暮らしを慎ましやかに求める方に、誰よりも応えることが出来るのは、その想いを受けとめてつくる地域の住宅会社です。であればこそ各々の職分で地域貢献をし、少しでも質の高い住宅を手ごろな価格で供給すべきだと思います。本書を通じて、日本の住宅をともに改善していく、そのような建築人がより多く現れることを夢みております。

最後に、「超コスパのいい家」を改善発展させていくには施工に対する深い造詣が必要です。日本の家の施工品質は、腕のいい職人の誇りや矜持に甘えてかろうじて保たれていますがもうこれも限界です。これから先は「職人＝つくり手」の収入を増やし優秀な職人を育てていかないと、住宅業界の信頼性も損なう事態になりかねません。コロナ禍や輸入木材の供給逼迫によるウッドショックで木材の価格高騰に住宅業界が揺さぶられている現状を見ますと、国産材のさらなる活用や、地元の工務店が非常時にも対応できる小さな商圏で家をつくることの意義を再評価していく必要があると思う次第です。

酒井　忠雄

CONTENTS

カバー写真　ブラウンガルバリウムの家
（設計・施工：ウッドシップ）
デザイン　マツダオフィス
DTP　シンプル
印刷　シナノ書籍印刷


本書は「建築知識ビルダーズ」の特集・連載を加筆・修正し、図版、写真などを加えて再編集したものです。

# 第1章

# 世の中に多い
# コスパの悪い住宅

# ハウスメーカーの住宅が高いわけ

ハウスメーカー、特にテレビCMなどで見かけるような大手ハウスメーカーの住宅は、業界平均以上の品質・性能はあります。しかし、普通の住宅に必要な基本的仕様などを盛り込んでいくと価格面では平均よりかなり高めになり、得られるものに対する価格としては必ずしもコスパのよい住宅とはいえません。価格が高くなる理由の1つは、多大な広告・宣伝費です。

過大にならざるを得ない最大の理由は、営業エリアが広いことです。そのため全国紙の新聞や全国ネットのテレビ、主要ポータルサイトなど広告費が高い媒体で広告を打つ必要がありま す。これらは1回の広告費が100万円を超えるものばかりです。また、モデルハウスも全国各地の総合住宅展示場に出展しなくてはなりません。集客の主力であるモデルハウスにかかる費用は、CMやチラシなどの広告費以上といわれています。これらのコストを住宅価格に乗せることで全国展開を可能にしている業態といえます。

なお、地域の工務店でも事業規模を超えて広範囲に広告を打ったり、テレビCMやチラシ、総合住宅展示場への出展などで過剰に広告・宣伝費をかけていたりするところもかなり存在します。したがって、事業規模の大小と広告・宣伝費の多少は必ずしも一致してはいませんが、広告・宣伝による知名度は住宅の品質・性能とはほぼ関係ありませんので、できるだけ広告・宣伝費用を抑えることは「超《スーパー》コスパのいい家」をつくるうえで重要です。

# ハウスメーカーの住宅には
# さまざまな費用が乗っかっている

## ハウスメーカーの建築費の内訳

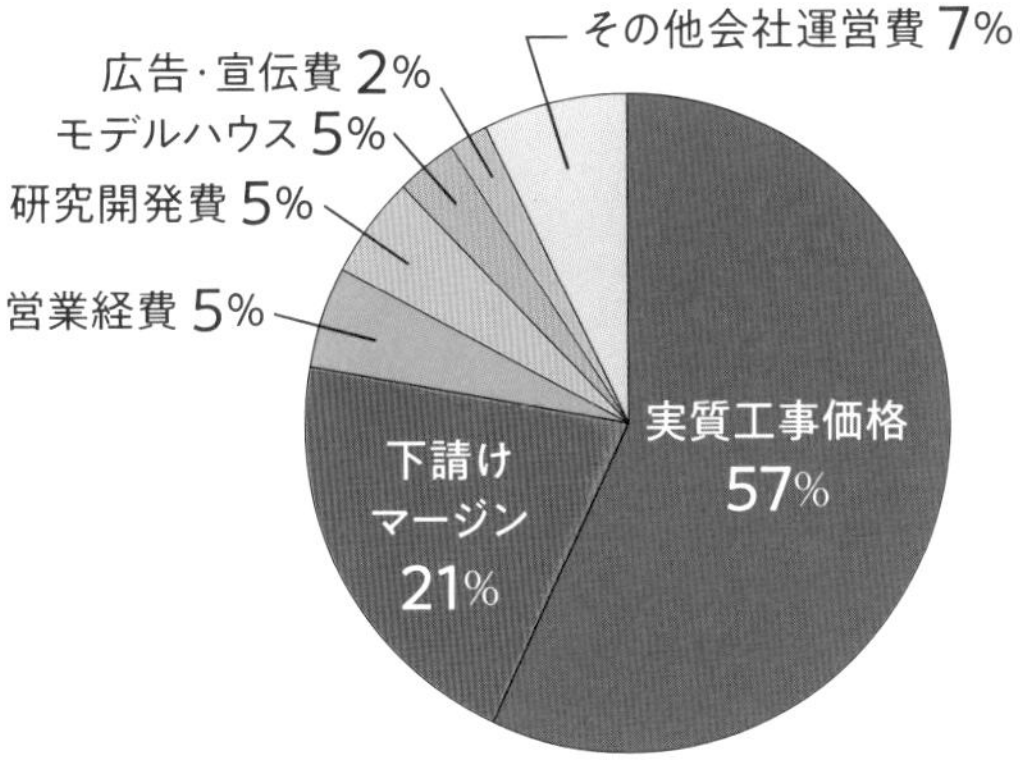


多大な費用がかかる広告・宣伝費だが、ハウスメーカーは事業規模が大きいので売上高の2%程度、モデルハウスを含んでも5%程度になる。つまり、3,000万円の家であれば、約150万円はかかっていることになる。

## ハウスメーカーの費用の内訳とその詳細

| | |
|---|---|
| 実質工事価格 | 工事に掛かる費用のこと。建材や住宅設備の価格、大工や職人の人件費、設計費用、仮設など工事にかかわる設備などの費用が含まれる |
| 下請けマージン | ハウスメーカーは基本的に専門の施工部隊をもたないため、工事は下請け発注が基本であり、下請けに流す際に手数料が発生する |
| 営業経費 | 営業にかかわる費用。営業マンの給与や付随する費用、福利厚生などのほか、パンフレットやカタログなどの販売促進のための費用も含まれる |
| 研究開発費 | 大手メーカーがもつ研究所やシンクタンクの運営費。住宅および建材などの開発のための費用のほか、構造などの住宅性能の研究、マーケティングなど市場調査などもが該当する |
| 広告・宣伝費 | 会社事業や商品を宣伝・広報するための費用。テレビCM、新聞・雑誌・Web広告、チラシ・DMなどの広告の製作・出稿の費用。モデルハウスの建設・出展・運営費・維持費なども含まれ、費用全体の6割前後を占めている |
| その他経費など | 営業マンや設計者、研究者、技術者などを除く、主に会社の運営にかかわる社員の給与などの人件費や、事務所経費、社用車の維持費などが該当する |

# お金のかかる総合住宅展示場

広告・宣伝費の大きな比重を占めるモデルハウスですが、特にお金がかかるのが「総合住宅展示場へ出展するモデルハウス」になります。大手ハウスメーカーや地域の有力工務店がモデルハウスを出展する総合住宅展示場は、住宅購入予定者、特に注文住宅を購入する層にとっては最もポピュラーな入口です。昨今は展示場も経営が厳しいという話も聞きますが、住宅着工棟数が減り続けているなかで全国津々浦々に存在し続けており、その費用対効果を維持し続けています。

総合住宅展示場の出展費用はかなり高額です。そこでのモデルハウスは他社のモデルハウスに見劣りしないようにと、1億円程度の建設費をかけるとも聞きますし、営業担当者を常駐させる必要もあります。確かに、不定期の建物見学会と比べれば格段の来客は見込めますが、総合住宅展示場はイベント目当てのお客も少なからず存在するので、家づくりを実際に真剣に検討しているお客はその数割程度でしょう。最終的に契約するお客となるとさらに効率は悪くなります。

総合住宅展示場は、住宅業界においては集客の主要なチャンネルでまだあり続けると思いますが、中小規模の工務店が「超《スーパー》コスパのいい家」を追求するうえでは、適していない方法といえます。

# 総合住宅展示場もモデルハウスも お金がかかる

### 総合住宅展示場の運営の仕組み

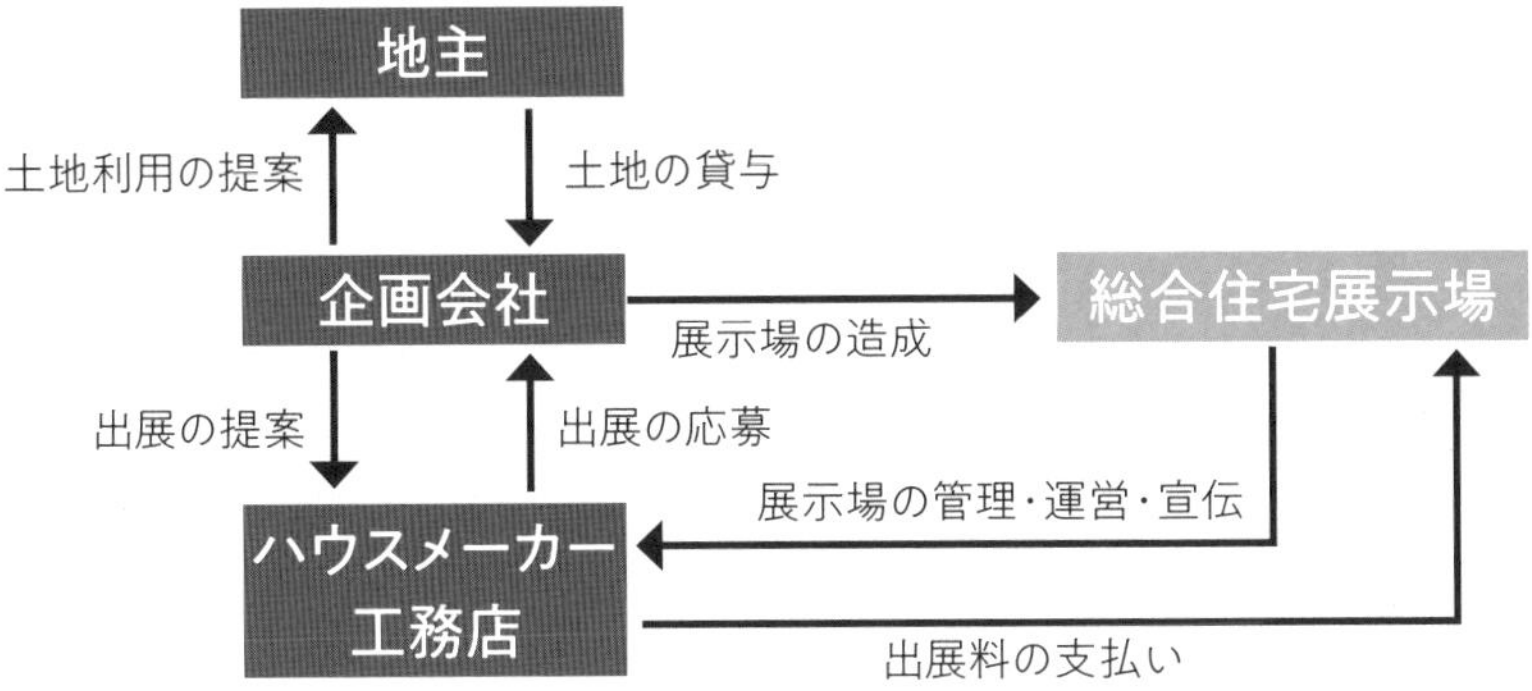


総合住宅展示場は住宅ニーズが高そうなエリアに企画会社が土地を探して、地主から期間を決めて貸与、ハウスメーカーやパワービルダー、地域の工務店に声をかけて、出展企業を集めるのが基本的な流れ。現在でも注文住宅を望む消費者の最大の受け皿となっている。

### タイプ別モデルハウスのメリット・デメリット

| | 総合住宅展示場モデルハウス | 路面店型モデルハウス |
|---|---|---|
| メリット | ・ある程度の集客が望める<br>・集客は運営会社が行う<br>・建設したことによる一定の宣伝・営業効果が見込める<br>・モデルハウスの管理を委託できるが見込める | ・維持費用はそれほどかからない<br>・建て方によっては建物の売却も可能<br>・自社の都合で営業日を削減可能<br>・他社の住宅と比較されない |
| デメリット | ・かなりの維持費用がかかる<br>・建物は使用後解体する<br>・自社の都合で営業日を削減しにくい<br>・他社の住宅と比較される | ・集客はあまり見込めない<br>・集客は自社で行う<br>・モデルハウスの管理は自社で行う<br>・建設したことによる宣伝効果はそれほど見込めない |

# コスパのよいモデルハウスは武器になる

モデルハウスには、総合住宅展示場以外の場所で運営する、いわゆる「路面店型」というものがあります。当社のモデルハウスもこのタイプです。

路面店型のモデルハウスは、普通の住宅地か自社の敷地内などに建設されることが多く、かかる費用もモデルハウス建設費だけで、新たな土地に建てる場合でも土地取得費もしくは借用費だけで済みます。また、土地は不動産ですので、将来更地にして売却してもよいですし、公開から数年を経過したのち、建物を相場より少し安く設定して土地代込みで売却するなどして資金負担を軽くすることもできます。

モデルハウスの営業時間も自社で自由に設定できますので、休日のみ営業し、平日は事前予約の見学者に限定するなどして人件費を大幅に下げることができます。また運営が自社で完結しているため、人件費以外のさまざまなコスト削減の方策も立てられます。

「超《スーパー》コスパのいい家」を実現するうえで広告・宣伝費はできるだけ下げるべきではありますが、ある程度の棟数、たとえば年間20棟以上を安定受注することを目指す場合や、また年間20棟以上を維持することによって得られるさまざまなコストメリットを考えるのであれば、費用をできるだけ抑えながらいつでも見学可能な家＝モデルハウスを持つことは大きなアドバンテージとなります。

# 最新のモデルハウス「さくらはうす」

2棟目のモデルハウス「さくらはうす」の1階リビング。天井の梁を露出させた内装が特徴的。窓の外には緑が生い茂った庭が見える

2階のカウンタースペース。造付けの長いカウンターがあり、多目的に使用できる

食事のできるカウンターが設けられたキッチン。奥にはダイニングスペースが見える

# 1棟当たり200万円かかる営業費

広告・宣伝費以上に住宅価格に影響を与えるのが、営業費です。人がモノを売る際に必ず発生する費用であり、人が家を売る工務店にとってもそれは同じ。必然的に発生する費用です。営業費は主に営業担当者の人件費です。モデルハウスで対応する担当者も基本的に営業職です。モデルハウスでは来客の数に合わせて営業担当者が対応する必要があるため、休日などはある程度の人員を割く必要があります。総合住宅展示場の集客数にもよりますが、ある程度の規模の総合住宅展示場であれば、10人ほどモデルハウスに常駐させているようです。もちろん、平日は集客が少なくなりますので、営業担当者は余り気味になります。

なお、ハウスメーカーの場合、営業担当者1人当たり年間5〜10棟販売するのが標準的です。ハウスメーカーの営業はきめ細かい接客対応を行いますので、年間5棟で十分ノルマ達成といったところでしょう。ただし、1人の経費（給与だけでなく交通費や雑費など）が1千万円として、5棟売ったとしたら1棟当たりの負担は200万円ほど。かなりの費用になります。

ハウスメーカーに限らず日本の住宅の多くが画一的な性能・デザイン・価格であるため、売上が営業担当者の力量に左右されるという側面もあります。したがって、多くのハウスメーカーや工務店は営業担当者の確保や育成に力を入れざるを得ないのですが、逆に住宅が個性的でコスパに優れていれば、スーパー営業マンが売らなくても自然と売れるわけです。

# 設計の工夫を散りばめた「さくらはうす」

高窓が設けられた1階の明るいトイレ。デザインしてホテルライクな印象に

2階の洋室。屋根の勾配がそのまま反映された勾配天井となっている

道路側から見た玄関とアプローチ。玄関は道路から中が見えないよう配慮した

南側外観。鋼板外装のなか庭に出るドア勝手の脇には板張りが施された

# 安易にハウスメーカーをまねると失敗する

地域の工務店でも、ハウスメーカーと同様の積極的な広告・宣伝や営業活動を行っているところがありますが、ハウスメーカーに比べて事業規模が小さいため、事業規模における広告・宣伝・営業経費の負担が大きくなります。にもかかわらず、工夫をせずに一般的な設計・施工を行っているだけではハウスメーカーのように、建設原価を圧縮できないため、住宅価格を下げるどころか価格維持すらままならなくなってしまいます。仕方なく広告・宣伝費や営業人員を減らすと、広告・宣伝力、ブランド力、営業力、品質でもハウスメーカーに負けて、さらに集客や売上が減るという負のスパイラルに陥るのです。一方、当社では、広告・宣伝費を最小限にとどめ、住宅建築にかかわるすべての業務の生産性を高めることで経費を圧縮し、それを住宅価格に反映して品質の割に価格の安い「超コスパ《スーパー》のいい家」を実現、その結果、営業マンなしで高い受注力をもち続けています。

地域の工務店は、ハウスメーカーの営業手法や、事業規模も営業地域も異なる他の工務店の経営戦略はあくまで参考程度と考え、自分たちの置かれている環境や市場、建てている住宅や会社の業務を十分に吟味して、価格やデザイン・性能面に個性と競争力をもち、何よりもお客から見て魅力にあふれる住宅をつくり続けることが大事です。そのためには、事業規模が小さいことを逆手にとって、社員一人ひとりが業務の改善・改革にまい進することです。

# 工務店が陥りやすい負のスパイラル

## 当社の正のスパイラル

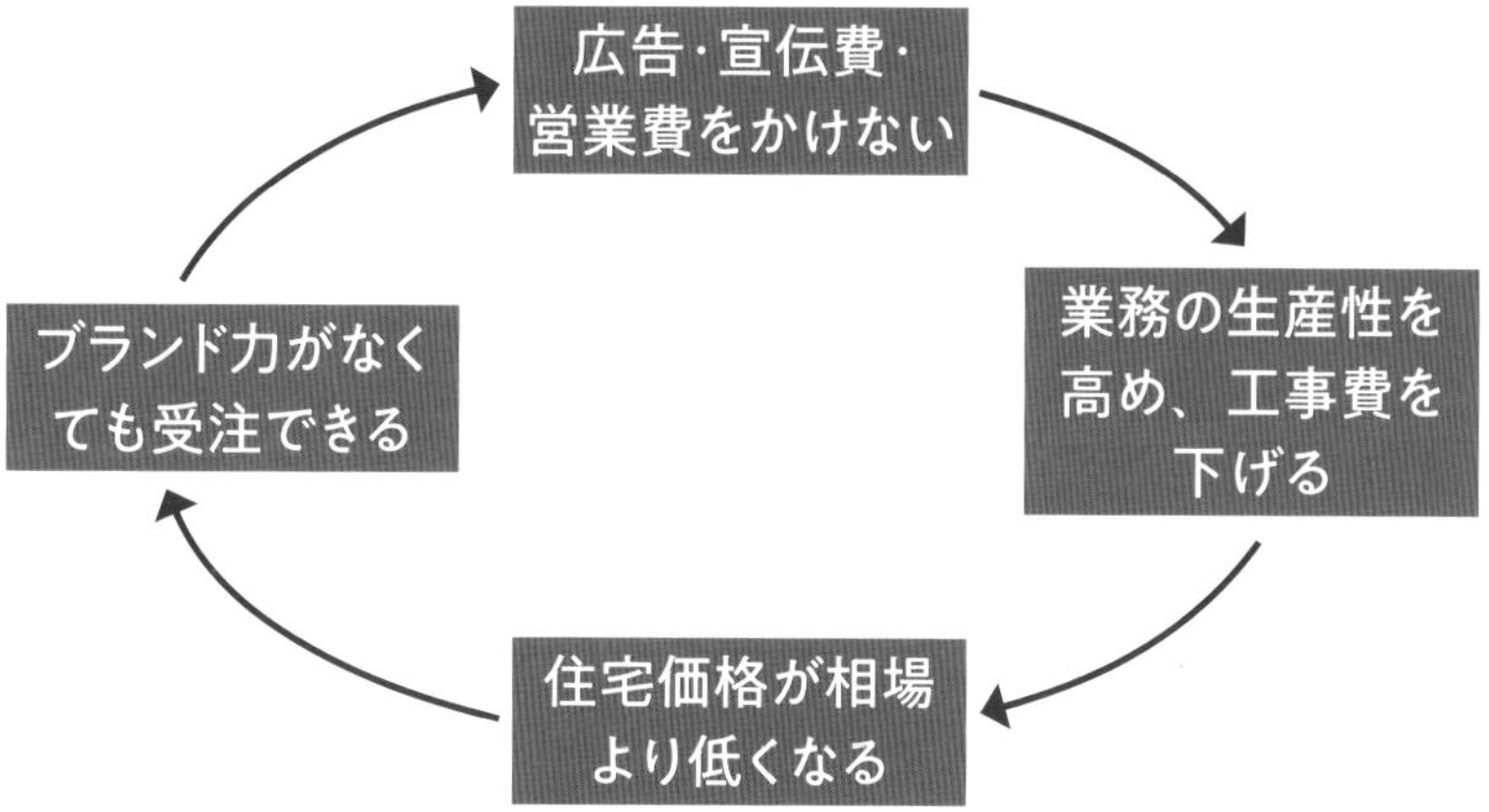


さまざまな費用を圧縮して全体の建築費を抑えるため、相場より安価な住宅を供給することが可能。結果、ブランド力・宣伝力・知名度の低さを補う「コスパ」のよさで勝負できる。

## 工務店の負のスパイラル

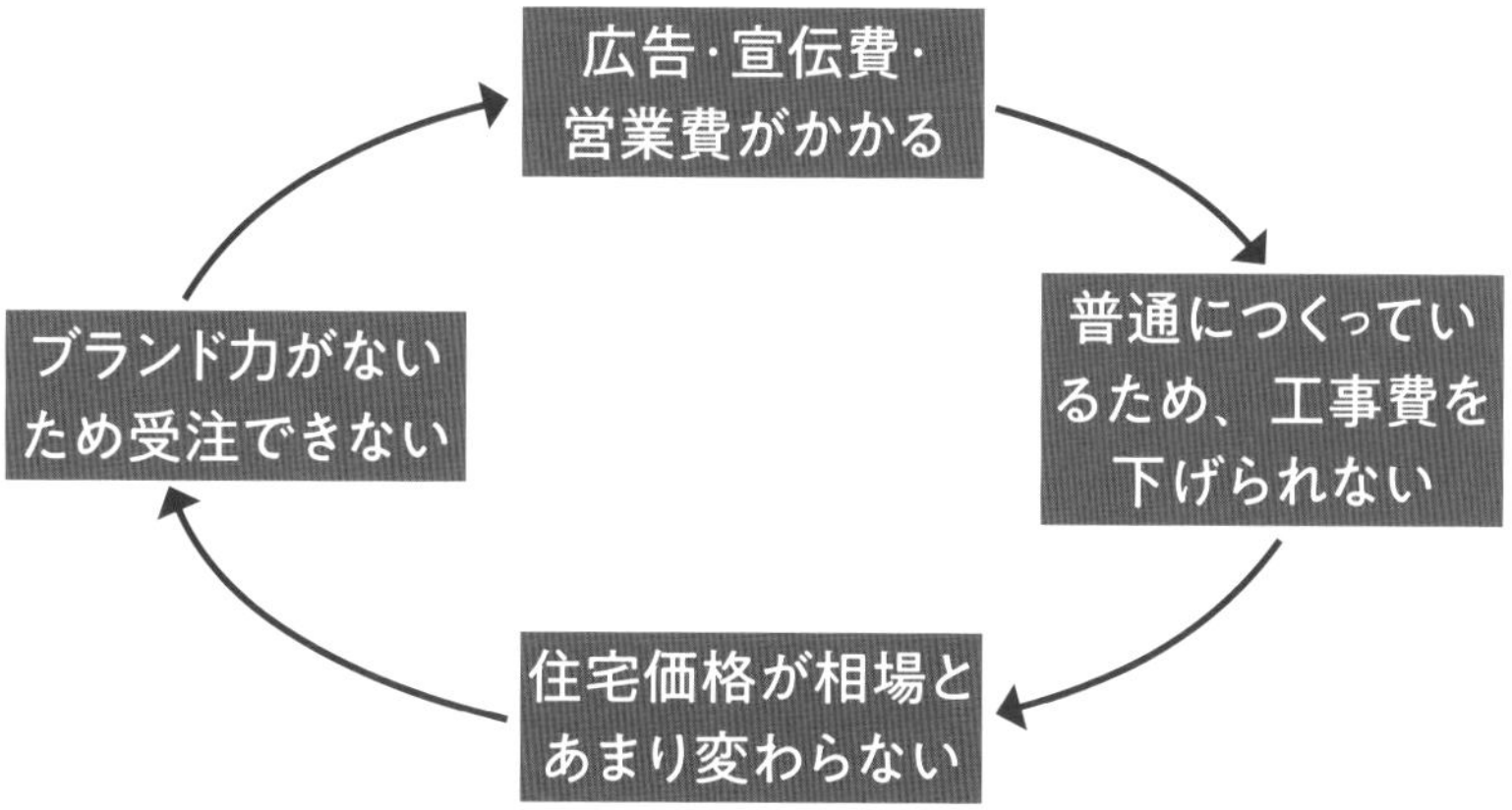


ハウスメーカーや大手ビルダーと同じように営業していると、ブランド力がない分、天秤にかけられたときに負けてしまうことが多い。設計力や営業力などほかに突出した要素が求められる。

# やはりコスパが悪いハウスメーカー

ハウスメーカーは多大な広告・宣伝費や営業経費をお客に負担させているにもかかわらず、住宅業界のメインキャストで居続けられています。これはひとえに知名度と事業規模の大きさに伴うお客の安心感に負うところが大きく、巨大化した事業体は家づくりに直接関係のない経費をも呑み込むことが可能になります。たとえば、量産型住宅には必須の各種認定の取得や、オリジナル建材の開発、宣伝・市場調査、住生活関連の基礎データ採りや分析などに、年間で数十億円程度をかけていますが、それでも事業規模の数%にも満たない程度に収まります。

事業規模の大きさが家づくりの面で最大に効果を発揮するのは、仕入れ原価の圧縮です。建材は、一般的な規模の工務店に比べ、最大で半額程度でメーカーから購入できます。工事にかかる人件費も、特定の施工下請け会社に大量発注することでコストを抑えられます。ただし、施工下請け会社に大量発注するということは、いわゆる「下請け」「孫請け」という発注形態となり、その発注過程でマージンなど無駄な費用も発生しやすく、どこまで工事の関節経費を圧縮できているかははなはだ疑問ではあります。

いずれにしても、先ほどの広告・宣伝費や営業費、研究・開発費、本社・各支店などの固定費などの負担は決して小さくなく、ハウスメーカーの住宅価格は一般的な工務店に比べて高い（コスパが悪い）というところに落ち着くのだと思います。

# ハウスメーカーの巨大な事業規模は
# 長所にも短所にもなる

### 巨大な事業規模が得るもの·失うもの

**ハウスメーカーの巨大な事業規模**

- 巨大な宣伝·広告費 → 圧縮
- 巨大な営業費 → 圧縮
- 巨大な研究·開発費 → 圧縮

―― 圧縮できるが、中小工務店では必ずしも必要としない費用

- 建材·住宅設備費 → 圧縮
- 工事費 → 圧縮

―― 最大のメリット

- 下請けの中間マージン
- 大量の社員の人件費 → 圧縮

―― 中小工務店ではほとんど発生しない費用

ハウスメーカーは、その巨大な事業規模によって、無駄と思える出費もほとんど吸収することができるため、日本の住宅業態の主要プレーヤーとなり続けている。とはいえ、その無駄な出費はコスパのいい家をつくっている工務店やパワービルダーにとってはやや過剰であり、結果、住宅価格は相場よりやや高くなる傾向にある。

# 規格住宅はコスパがよいのか?

事業規模の小さな工務店が建設費を圧縮する手法として最近よく採用されているのが、規格住宅です。

規格住宅はその名のとおり、間取りやデザインを規格化することで、設計や施工の手間とコストを圧縮したものです。したがって、住宅自体はコスパのよいものになります。

ただし、ひと口に規格住宅といってもさまざまで、フランチャイズ、自社開発のいずれにしても、ごく一般的な建売住宅に近いローコストが売りのものから、建築家住宅のような高級クラスのものまであり、適切なものを選択もしくは開発しなければ、建売住宅なのに高い価格、建築家住宅の割にはデザインや質がいまひとつという中途半端なことにもなりかねません。また、規格住宅の最大のデメリットでもありますが、デザインや間取りを基本的に絶対にいじらずに販売する必要があります。

規格住宅になかには、画一的なデザインと性能、月並みな価格という「ハウスメーカーにありがちな住宅」も多く見受けられます。その場合は、結局、宣伝や営業頼みという、多くの工務店がそもそもかかえる問題に立ち返ってしまいます。リスクを考慮するなら、通常の工務店であれば最初はサブブランドとして規格住宅を始めるのがよいと思いますが、これもメインの注文住宅の受注低下や価格低下につながることもあり、宣伝の仕方には工夫が必要です。

# 建売住宅は安いが制約も多い

## 規格住宅と注文住宅の比較

| | 規格住宅 | 注文住宅 |
|---|---|---|
| 価格 | やや安い | 普通〜高い |
| 間取り | 変更できないが、<br>使いやすいものもある | 自由に変更できるが、<br>使いにくくなる場合も |
| 性能 | 変更できないが、<br>性能が高いものもある | 自由に変更できるが、<br>住宅会社の技術力による |
| デザイン | 大きく変更できないが、<br>デザインがよいものもある | 自由に変更できるが、<br>住宅会社の設計力による |
| 打ち合わせ | 少ない | 多い |
| 工期 | やや短い | 長い |
| 敷地との相性 | 敷地形状によっては建てられない | 敷地形状に問わず建てられる |

間取りやデザインはほぼいじれないが、その分安いというのが規格住宅の基本コンセプト。

## フランチャイズ型と自社開発型のメリット･デメリット

| | フランチャイズ型 | 自社開発型 |
|---|---|---|
| メリット | ･設計･開発費用･開発能力を必要としない<br>･実績がある商品であれば、成功する可能性が比較的高い<br>･営業支援制度があったり、比較的売りやすい仕組みが用意されている | ･フランチャイズ費用などの負担がない<br>･自社の商圏に適した商品を開発できる<br>･市場動向に合わせて、商品を設計しなおすことができる<br>･商品を自由に設計･開発することが可能 |
| デメリット | ･フランチャイズ費用など何かしらの費用負担が発生する<br>･自社の商圏に適した商品とは限らない<br>･市場動向に合わせて、商品を再設計しにくい<br>･既存のハウスメーカーや建売住宅とコンセプトが被っているものも多い | ･設計･開発費用･開発能力を必要とする<br>･成功するかどうかは自社の設計･開発能力による<br>･売り方なども独自に考える必要がある |

規格住宅自体は日常の家づくりの延長線上にあり、難易度が高いわけではないので、設計力･企画力がある工務店のなかには、自社開発しているケースも多く存在する。

# 建売住宅はコスパがよいのか?

建売住宅は、コストを削減する究極の業態だと考えます。土地を含めた「総額」の安さが販売の肝となりますので、デザインや間取りなどもほぼ固定して設計・材料コストを削減し、施工難度の低い仕様の繰り返しで時間と工費を圧縮できます。その結果、高い利益率を確保するのです。しかしながら建物の性能や仕様は、「総額」を安くする必要があるため低めに設定されることになります。

よく目にするのは、防水性がすでに失われたであろう苔むしたスレート屋根や外壁サイディングです。50年以上住み続けるには10年に1回程度の本格的メンテナンスが必要とされる建材を使っているので、その維持メンテナンスの生涯コストは400万円以上に及ぶでしょう。また断熱性能や住み心地に大きく影響する窓サッシにおいても、アルミフレームに樹脂カバーが付いたレベルの窓（Low-eペアガラスは普及していますが）では、結露や室温変動がはなはだしく、夏冬の冷暖房費もHEAT20G2レベルの住宅と比べると50年間で200万円程度の出費増となります。

耐震性能も、多くは等級1レベルで設計施工されているので、直下型地震による損傷は大きく、震災に遭遇しないことを願うしかありません。これらを併せて考えると、トータルとして必ずしもコスパがよい住宅とは言えないのです。

# 建売住宅は価格が安く買いやすいが自由度は低い

## 建売住宅と注文住宅の比較

| | 建売住宅 | 注文住宅 |
|---|---|---|
| 価格 | 安い | 普通〜高い |
| 間取り | 変更できない。間取りも標準的なものが多い | 自由に変更できるが、使いにくくなる場合も |
| 性能 | 変更できない。性能も一般的には標準〜低めである | 自由に変更できるが、住宅会社の技術力による |
| デザイン | 変更できない。デザインも標準的である | 自由に変更できるが、住宅会社の設計力による |
| 打ち合わせ | ほとんどない | 多い |
| 工期 | 短い | 長い |
| 敷地との相性 | 土地付きで購入するため、相性を考えなくてよい | 敷地形状に問わず建てられる |

建売住宅は、土地と住宅をまとめた商品なので、実際の建物の値段は分かりにくい。安価につくるのが基本だが、土地が相場より安価に仕入れられれば、その分不動産会社の利益を多めに載せることも可能であり、住宅うんぬんよりも相場より安い土地を探す力のほうが重要ともいえる。

## 建売住宅のメリット・デメリット

### 建売住宅のメリット

・土地と住宅の総額で販売されるため、価格が分かりやすい
・購入したらすぐに住むことができる
・新築時の打ち合わせなどのわずらわしさがない
・地域の住宅+土地価格より安価に設定されている

### 建売住宅のデメリット

・性能・デザイン・品質は注文住宅に劣ることが多い
・性能・デザイン・間取りは一切変更できない
・狭小な敷地に建っていることが多く、土地の価値はやや低い

# 設計事務所にはコスパを求めない

「超《スーパー》コスパのいい家」を望む方は、基本的には設計事務所に依頼することは避けるべきです。一番の理由は、設計事務所の設計者の多くが、「施工」をよく知らないということです。材料の価格や仕入れ、現場の大工や職人の仕事内容も細かくは分からないので、各工事のコストをどう下げればよいのか分からないのです。これでは効果的にコストや工期を削減・圧縮するなど不可能です。

複数の施工会社から見積りをとって価格を競わせる「あいみつ」（相見積もり）で施工費を下げたという話を聞きますが、先に説明したように設計事務所の多くは材料の価格や工事内容の知識に乏しいため、その判断基準はかなり疑わしく、実際に適正なコスト削減がなされているのかかなり心配になります。多くは、価格を下げたぶん、品質や性能面に影響がある可能性は否定できません。なお、まれに施工に明るい設計事務所があり、その場合は、質の高い施工品質が期待できますが、その多くは所長や所員に工務店勤務経験があったりしますので、設計者の経歴を見て判断するのもよいでしょう。

設計もその作業に膨大な時間がかかるにもかかわらず、業務を合理化したという話はあまり聞きません。そもそも構造や施工レベルの納まりにも明るくない設計者も多いので、設計の手腕による超コスパは期待できないでしょう。

第2章

# 超コスパのいい住宅とは何か

# 設計と工事管理を1人で担当するメリット

当社は東京都小平市の工務店で、東京西部の多摩地域を中心に、事務所から車で30分以内に行ける範囲を施工エリアとして、年間25棟程度の新築住宅を受注しています。従業員数は12名。全員建築士で、設計と工事管理を同じ人間が一貫して担当する態勢をとっており、設計や現場監督だけをやる職種は置いていません。1人の従業員が1人の建て主と住宅を、設計から工事管理・引き渡しまで責任をもって担当するスタイルです。詳しくは7章で解説しますが、建て主にとっては窓口が1人に集約されることでわずらわしさもなくなりますし、業務面でも無駄が少なくなり、効率化が進みます。

受注は当社のホームページからの問い合わせが中心です。2018年秋にモデルハウスをオープンしましたが、これは集客数のアップを狙うというより、ハウスメーカーの住宅にはない「素の空間」を気軽に見学・体感してもらい、それを気に入ってくださった来訪者から相談やプラン依頼の連絡をしていただければ、という「待ち」のスタイルで対応しています。

当社には営業専任の従業員はいないので、土日のみオープンするモデルハウスと、年に十数回行われる完成見学会が集客の窓口となり、個々のお客には各社員（設計・工事管理担当）が対応します。また当社では、こちらから営業用の追客・連絡はしません。基本的に営業はしないというスタンスをとり、それらにかかる手間を削減しています。

# 工務店の画一的な業務には無駄も多い

## 一般的な工務店の社員

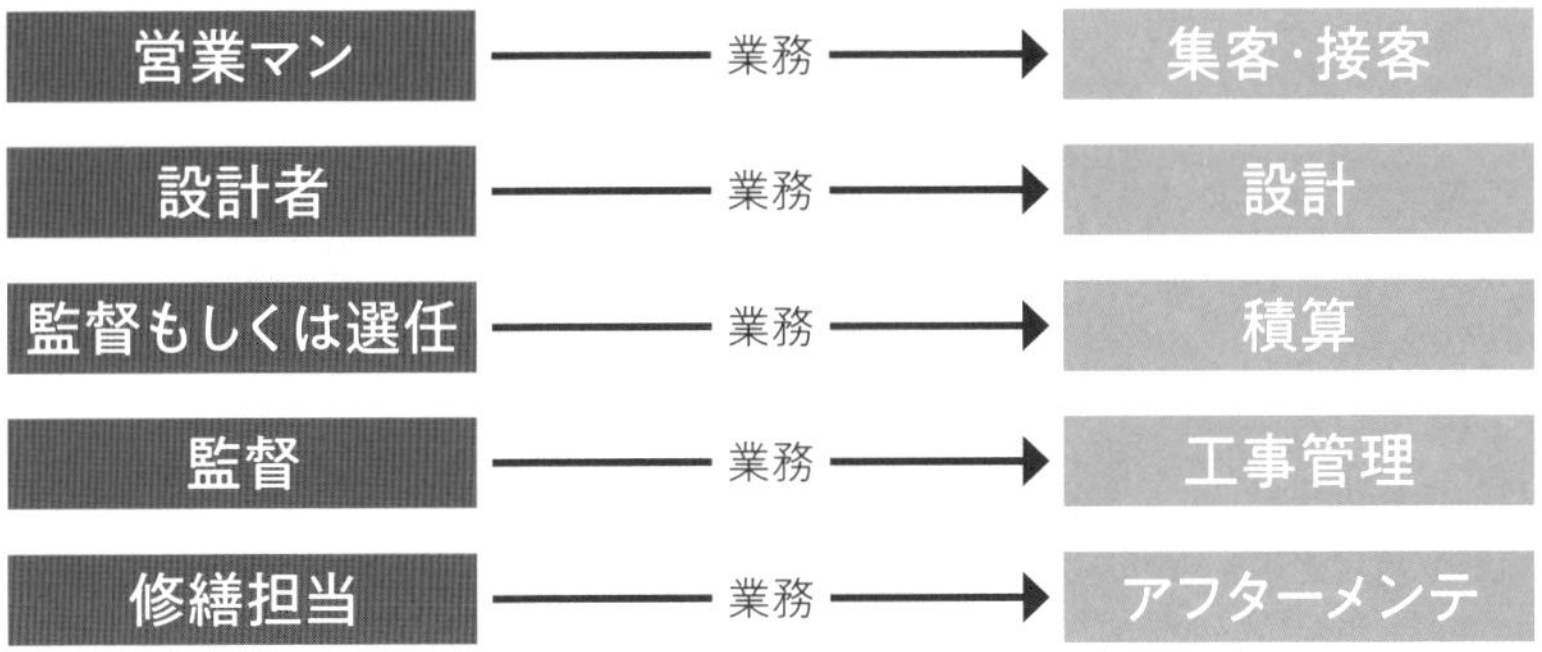


一般的な工務店やハウスメーカーは、分業が基本。小規模の工務店の場合は、1人で営業と監督と積算（多くは社長が担当）をして、ほかに社員がいる場合は、この3つの業務を分担し、そのほかの設計は外注というケースが多い。

## 当社の多能工社員

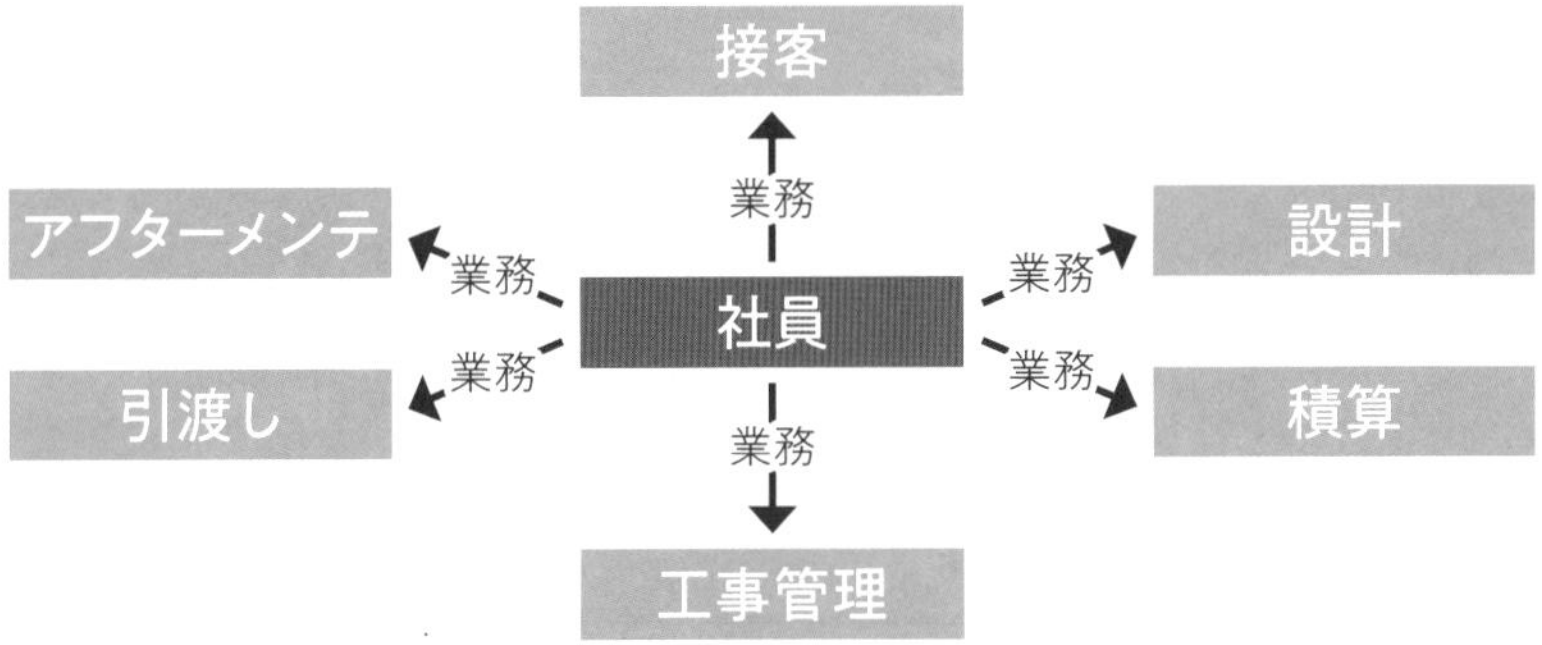


当社の場合は社員1人ひとりが、接客から設計・積算・工事管理・アフターメンテまですべてを担当する。家づくりの総合的な力は求められるが、知識や経験もかなり積むことができるので、結果優秀な社員が増えることにつながる。

# ローコスト・ハイクオリティで勝負する

必要以上に営業しないで受注するには、攻めの営業をするハウスメーカーや工務店に負けないような魅力的な家をつくることが重要になります。

住宅購入において重要な要素の一つが「価格が安い」ことでしょう。家の値段がそれほど分からない人でも、それなりの見た目の家が1千万円台前半の価格で購入できれば、魅力的な家ということになります。ただ価格の安さだけを訴求すると、大量の受注を前提に薄利多売をしたり、大量仕入れによる資材の値下げ購入で利益を確保したりしがちです。このビジネスモデルの場合、会社の事業規模がそのまま材料費や施工費、営業広告費のコスト削減につながるため、中小規模の工務店は圧倒的に不利です。

そこで私が考えたのが「超《スーパー》コスパのいい家」です。「コスパ」とは「コストパフォーマンス」の略、費用対効果のことです。価格以上に価値のある家ということになります。では、その価値とはなんでしょうか。品質、デザイン、耐久性、性能など、家に求める価値やそのレベルは人によってさまざまですが、注文住宅を購入する客層であれば、それらは一定以上のハイレベルなものであり、デザインから性能まで幅広く求められるものであろうと考えます。質の高い家を、相場より安い価格で手に入れることができる、そのような家を「超《スーパー》コスパのいい家」と定義します。

# 小規模の工務店には
# ローコスト住宅は向かない

### 一般的なローコストの家と超コスパのよい家の比較

| | 一般的なローコストの家 | 超コスパのよい家 |
|---|---|---|
| 価格 | 1,000万円前半〜後半 | 1,000万円後半〜2,000万円前半 |
| 断熱 | 建築基準法（最低基準）+α | HEAT20 G2以上 |
| 構造 | 建築基準法（最低基準）+α | 耐震等級3 |
| 仕上げ | 既製建材 | 無垢の木材、自然素材建材など |
| 間取り | 固定もしくは軽微な変更 | 自由設計 |
| デザイン | 固定もしくは軽微な変更 | 自由設計 |
| 販売者 | パワービルダー、<br>不動産会社、工務店など | 当社 |
| 競合 | 同上 | ハウスメーカー、<br>工務店、設計事務所など |
| 向いている会社 | 企業規模が大きい会社。スケールメリットを生かして工事の単価を下げることができる。不動産業態など土地取得能力も重要である | 中小規模の会社。企業規模が大きすぎると固定費がその分かかるのであまり向かない |
| 販売形態 | 建物単独、土地付き（建売、売建） | 建物単独 |
| 販売利益 | 1棟当たりの利益が少ないので、ある程度の棟数を販売する必要がある | 業務をスリム化・効率化する必要があるが、利益率は注文住宅と大きくは変わらず、会社規模に合わせて棟数の調整は可能 |

超コスパの家のほうが高くなるが、自由設計、高い性能、自然素材や無垢の木材中心の内装などの点を考えれば、費用対効果が高い（コスパがいい）と選択されるケースが多い。もちろん、価格を重視するお客であれば、ローコスト住宅でよいとなることも間々ある。

# 耐震等級3は必須条件

長期にわたる住宅ローンを組んで建築したマイホームが大地震に見舞われ、たとえ家族の命が守られて、住宅の倒壊は免れたとしても、多大な出費で補修しないと住み続けられなくなるというのは、住まい手にとって受け入れがたいことです。

2016年の熊本地震での熊本県益城町の住宅の被害調査結果が住宅業界で話題になりました。益城町は当時震度7に2度襲われたのですが、損傷した住宅が多いなか、耐震等級3の住宅の損傷なしの割合は87・5％と高かったのです。ここでいう耐震等級とは、地震に対する建物の強さ、耐震性能を示す指標の1つで、「住宅の品質確保の促進等に関する法律」（品確法）とそれに基づく住宅性能表示制度により制定されたものです。耐震等級は、1〜3の3段階で表され、耐震等級3は耐震等級1（建築基準法＝最低基準）の1.5倍の耐震性をもつ、最上位の性能になります。熊本地震では、大地震に対する耐震等級3の有効性が証明されたのです。

したがって、当社の住宅はすべて耐震等級3をクリアするように家づくりを行っています。耐震等級3は難しい、コストがかかるという意見もありますが、当社では使いやすい木造2階建て用の耐震構造計算ソフトを使って、社内で耐震性能を検討しながら耐震等級3をクリアするように設計を行っています。また、設計段階で構造を十分に検討することで、基本計画から施工まで破綻なく業務が進み、結果としてコストがかからず耐震等級3を達成しています。

# 熊本地震で分かった耐震等級3の優位性

### 熊本地震における木造住宅の建築時期別の損傷比率

| 損傷ランク | 損傷比率 | | | | 損傷イメージ |
|---|---|---|---|---|---|
| | 旧耐震基準<br>~1981年6月 | 新耐震基準 | | | |
| | | 1981年6月<br>~2000年5月 | 2000年6月<br>~ | 耐震等級3 | |
| V（破壊）<br>倒壊 | 214棟<br>（28.2%） | 76棟<br>（8.7%） | 7棟<br>（2.2%） | 0棟<br>（0%） |  |
| IV（大破）<br>全壊 | 133棟<br>（17.5%） | 85棟<br>（9.7%） | 12棟<br>（3.8%） | 0棟<br>（0%） | 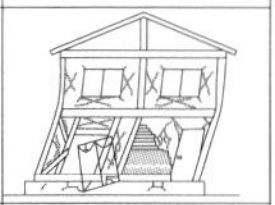 |
| III（中破）<br>大規模半壊 | 373棟<br>（49.1%） | 537棟<br>（61.2%） | 104棟<br>（32.6%） | 0棟<br>（0%） |  |
| II（小破）<br>半壊 | | | | 2棟<br>（12.5%） |  |
| I（軽微）<br>一部損壊 | | | | |  |
| 無被害 | 39棟<br>（5.1%） | 179棟<br>（20.4%） | 196棟<br>（61.4%） | 14棟<br>（87.5%） |  |

あきらかに多いのが、いわゆる「旧耐震」基準の住宅だが、特筆すべきは現在の建築基準法をクリアした住宅もかなりの数「半壊」しているということ。そして、品確法の耐震等級3の住宅が無傷であったということだ。この結果は住宅業界で話題になり、ハウスメーカーや先進的な工務店が耐震等級3の原則義務化へ大きく舵を取るきっかけとなった。

# 断熱性能はＨＥＡＴ20を標準に

夏や冬の快適性を考えれば、エアコンなどの空調機や冷暖房機器で室温を調節することは欠かせません。一方で、家に使われるエネルギー全体に占める、冷暖房の割合はとても大きく、それを抑えるには高い断熱性能がかかせません。当社のように快適性を重視して、エアコン１台で家全体を冷やしたり温めたりする全室冷暖房（家全体を冷暖房すること）を導入する場合は、よりエネルギーが必要になるため、高い断熱性能はマストになります。

住宅の断熱性能の指標には、品確法の断熱等級があり、最上位は断熱等級４になりますが、１９９９年につくられた省エネルギー基準と大きくは変わっておらず、実際に省エネを体感するほどの性能は持ち合わせていません。したがって、さらに上位の指標として民間団体がつくったＨＥＡＴ20 Ｇ２を当社の住宅の基準として設計しています。この指標を達成すると、断熱等級４からさらに約50％ものエネルギーを削減することができます。

ハードルが高いと思われがちなＨＥＡＴ20基準ですが、温暖地であれば決して難しいものではありません。たとえば、省エネ基準の６地域の東京の場合、窓を樹脂サッシ＋アルゴンガス入りLow-Eペアガラス以上とし、床は基礎断熱工法、屋根の断熱材をセルロースファイバー１８０㎜厚、壁の断熱材をグラスウール24Ｋ１０５㎜厚とすれば、それほどコストをかけずに容易にクリアすることができます。

# 省エネ基準より高性能なHEAT20

### 省エネ基準（平成28年基準）の基準値

| 区分 | 1地域 | 2地域 | 3地域 | 4地域 | 5地域 | 6地域 | 7地域 | 8地域 |
|---|---|---|---|---|---|---|---|---|
| 外皮平均熱貫流率（$U_A$値） | 0.46 | 0.46 | 0.56 | 0.75 | 0.87 | 0.87 | 0.87 | – |
| 冷房期の平均日射熱取得率（$\eta$AC値） | – | – | – | – | 3.0 | 2.8 | 2.7 | 6.7 |

省エネ基準は品確法の断熱等級4と同等とされる。あくまで「目標」基準だが、現在建っている住宅の8割近くが、同基準をクリアしているといわれている。

### HEAT20外皮性能グレード

| 推奨グレード | 地域区分 | | | | | | |
|---|---|---|---|---|---|---|---|
| | 1 | 2 | 3 | 4 | 5 | 6 | 7 |
| HEAT20 G1（$U_A$値） | 0.34 | 0.34 | 0.38 | 0.46 | 0.48 | 0.56 | 0.56 |
| HEAT20 G2（$U_A$値） | 0.28 | 0.28 | 0.28 | 0.34 | 0.34 | 0.46 | 0.46 |

現行の省エネ基準では冷暖房費の省エネが進まず、世界の基準からも大きく後れをとっているとして、さらに高性能な基準としてHEAT20が設けられた。

### 省エネ基準の地域区分

| 地域区分 | 該当する主な都道府県 |
|---|---|
| 1 | 北海道 |
| 2 | 北海道 |
| 3 | 青森県・岩手県・秋田県 |
| 4 | 宮城県・山形県・福島県・栃木県・新潟県・長野県 |
| 5,6 | 茨城県・群馬県・埼玉県・千葉県・東京都・神奈川県・富山県 石川県・福井県・山梨県・岐阜県・静岡県・愛知県・三重県 滋賀県・京都府・大阪府・兵庫県・奈良県・和歌山県・鳥取県 島根県・岡山県・広島県・山口県・徳島県・香川県・愛媛県 高知県・福岡県・佐賀県・長崎県・熊本県・大分県 |
| 7 | 宮崎県・鹿児島県 |
| 8 | 沖縄県 |

日本は南北に長く、気候も大きく異なるため、省エネ基準は地域によって異なる。

# 建材はメンテフリーで選ぶ

受注確保のために、引渡し後の頻繁なメンテナンス訪問を謳《うた》うことは有効かも知れませんが、高い精度で施工された住宅では、不具合はそれほど発生しないものです。訪問してもおしゃべりだけして帰ってくることもよくあります。ならば、徹底的にメンテナンスフリーを意識して設計し、定期メンテナンス回数を抑え、その浮いた費用分、家の価格を抑えるほうが合理的ではないでしょうか。

そこで、当社ではメンテフリーを強く意識した家づくりを行っています。まず外壁と屋根の仕上げには、ガルバリウム鋼板を使っています。湿式仕上げのようなひび割れの心配もなく、屋根材に使われていることからも分かるように、耐久性、耐候性、防水性に優れています。また、木材の防蟻処理には15年保証も付くホウ酸防蟻処理、バルコニーの防水には30年保証の付くステンレス防水など、入居後のつくり手と住まい手双方の負担を減らす素材・工法を採用しています。室内は無垢のスギ床材を標準仕様としていますが、建て主が雑巾がけするだけで、時間とともに味わいのある風合いになっていきます。一方、壁や天井には清掃しやすいビニルクロスを割り切って使いますが、消臭機能のあるものを提案しています。

メンテナンスフリーやメーカーの保証制度は、建て主の不安を拭い去ってくれます。特に当社のような小規模工務店の場合は、建て主にとっての大きな安心材料になるようです。

# 建て主が安心して長く使える材料選びを

バルコニーに採用したステンレス防水。性能以上にメーカーの保証年数を重視して選択

耐久性、耐候性、メンテフリーなどで考えれば、ガルバリウム鋼板は最良の外壁材である

定番的に採用しているスギの床板。安価なうえに、足触りがよく温かいため、評判もよい

自然素材を多用する住宅などでよく使われるホウ酸処理による防蟻処理

# シンプルで飽きのこないデザイン

よい住宅の決め手として、性能や耐久性以上に重視されることも多いデザイン性ですが、デザイン性の高い住宅をつくるには、家を設計する人間に一定以上のデザインセンスが求められ、一方でその能力を身につけることは容易ではありません。また、デザイン性の高い住宅には共通した設計のルール、たとえば「色数を抑える」や「部材の数を減らす・小さくする」などが存在しますが、そのルールを守ったとしても、必ずしもデザイン性の高い住宅になるわけではありません。いずれにしてもデザイン性は努力だけでは達成できない難しい問題ではあります。

当社の住宅も、お客の皆さんからデザインがよいと評価していただいていますが、アトリエ系建築家ではないのでそこまでデザインに自信があるわけではありませんし、デザイン性の高さを強く押し出すつもりはありません。したがって、当社の家は、デザインを追求しすぎず、素直で清潔感のあるデザインに徹することにしています。

具体的には、構造に素直な総2階とシンプルな片流れ屋根による外観、そして人為的なデザイン加工をできるだけ抑えて、素材の質感を生かしたシンプルな内観を意識して設計をしています。ただし、それだけではつまらない家になってしまうので、吹抜けやスキップフロアなどを盛り込んで室内の高さに変化をつけたり、ワンポイントで壁の一部にアクセントカラーを使ったりします。こうすることで、ほどよいデザイン性を備えた家になります。

# ちょっとした工夫でデザイン性を向上させる

片流れの屋根。漏水のリスクや施工性を重視して、屋根はできるだけシンプルな形状を選択

小さくても吹抜けを設けることで、部屋をより広く大きくみせることが可能

正面の壁に緑色の壁紙を使用。アクセントカラーも小面積であれば失敗しない（森の家）

床の段差を下げることで落ちついた雰囲気になる（森の家のブックカフェ）

# 造作建具を活用してワンランク上の空間に

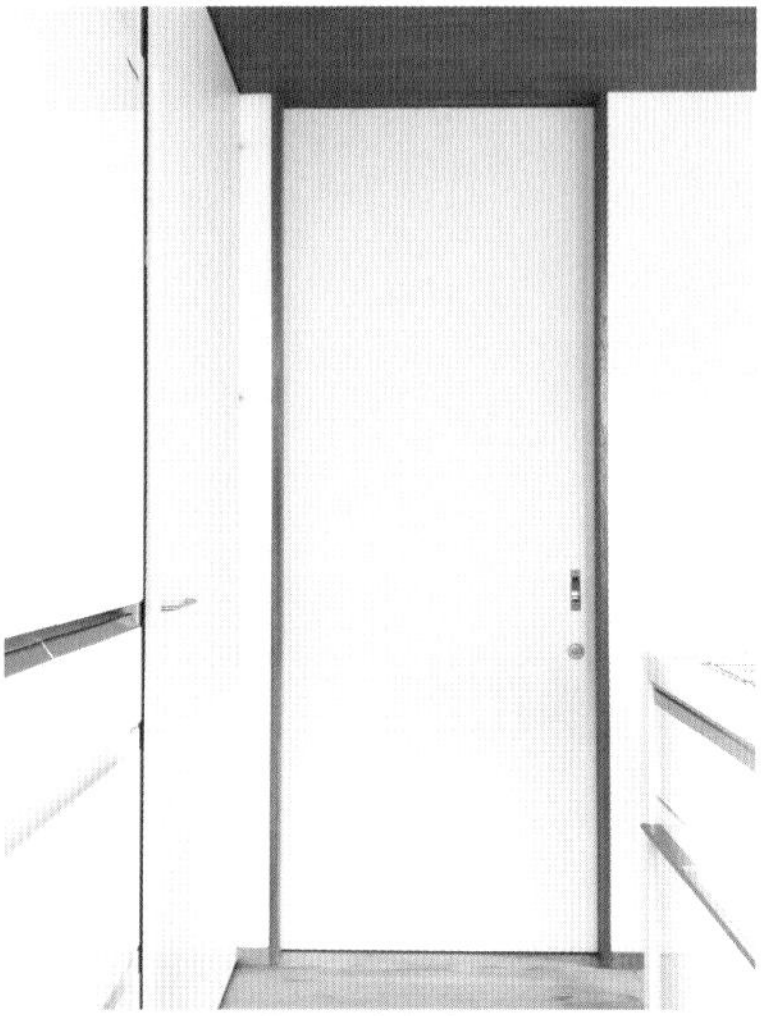

フラッシュで作成した木製建具。既製品より内装の統一感を図りやすい

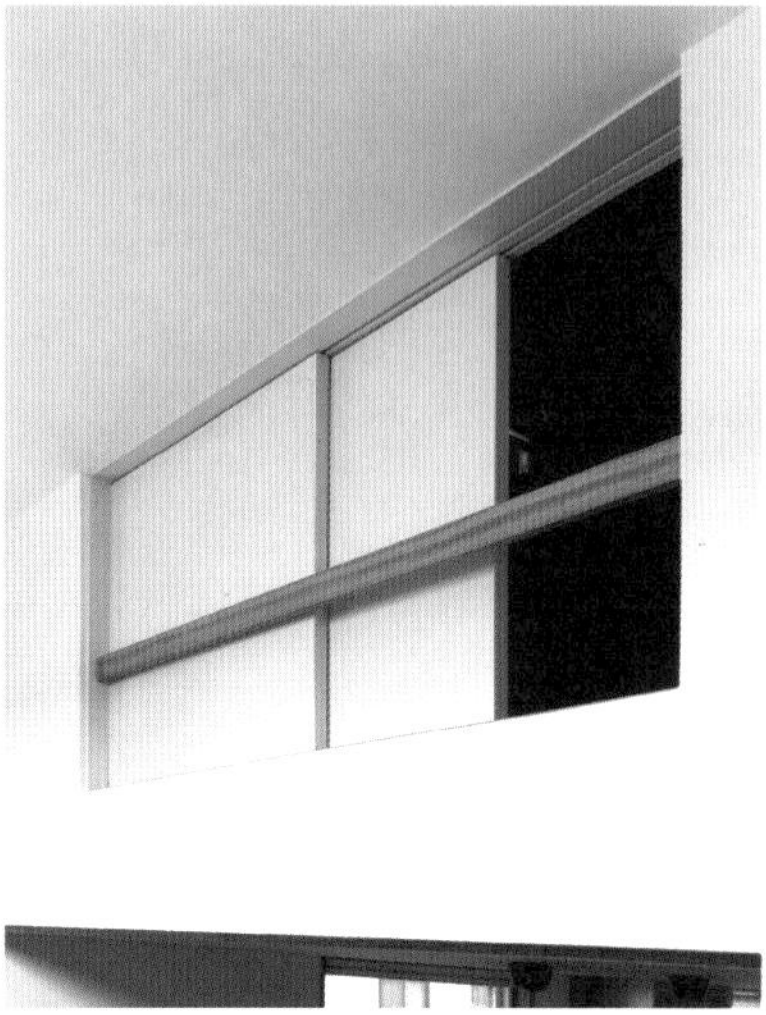

吹抜けに設けられた造作の建具。引込み戸になっていて部屋間の通風を促す

階段途中に設けられた造作窓。階段を利用して部屋に通風・採光を促す

リビングと玄関の間に設けたガラス框戸。玄関の明るさに寄与する

# 使い勝手を向上させる収納のアイデア

間仕切壁を利用した壁かけ収納。かばんや帽子などがかけられる

正面に見える収納は壁のなかのスペースを利用したもの

部屋の隅の鋭角のコーナーは何も置けないので、棚スペースとしている

簡易なパントリー。キッチンの奥に造作の棚を設けた

# 設計のアイデアを家中に散りばめる

部屋の隅に設けられたタブレットカウンター。奥行がいらず簡易に取り付けられる

セメントで作成した自転車のタイヤ留め。狭い場所に設置でき、自転車の転倒を防ぐ

ダイニングを兼ねたリビング。家の面積をかなり抑えられる

玄関の隅のスペースを利用した靴収納。玄関収納は多ければ多いほどよい

# 第3章

# 超コスパのいい住宅は宣伝費をとにかくかけない

# 宣伝はホームページで勝負する

「超《スーパー》コスパのいい家」を実現するためには、建物の品質や性能の向上に直接寄与しない広告・宣伝費は、極限まで減らさなければなりません。しかしながら、工務店経営にとって広告・宣伝の重要性は高く、これをうまくやらないとどれだけ素晴らしい家をつくっていても「知られざる名店」のまま会社は終焉を迎えることになります。広告・宣伝費をできるだけかけずに会社を宣伝する、となると、ホームページなどインターネットを利用した宣伝方法を選択することになります。

とはいえ、街中で目立たない小さな商店でも、今は必ずといってよいほどホームページをもっています。工務店も下請け専業などでなければ、必ず自前のホームページをもっていると思って間違いありません。したがって、星の数ほどあるホームページから自社のホームページにアクセスしてもらうための工夫が必要になってきます。

ホームページを作成する際に工夫すべきポイントはいくつかありますが、一番のポイントは、実際につくっている住宅の「売り」を明快に伝えることです。売りは「価格」なのか、「品質」なのか、「性能」なのか、「デザイン」なのか。もちろん、いくつもの売りやもっと細かな特徴があるのかもしれませんが、その住宅の「売り」をいくつかに絞って、サイト閲覧者にとって分かりやすいように「売り」を伝えることは、ホームページ作成上とても重要です。

# ホームページでは「売り」を明確に伝える

注文住宅、自然素材、営業宣伝費のカット、適正価格
など短い文章で明確に自社の住宅の特徴を伝えている

当社のホームページのトップページ

文章以上に重要なのが写真。どんな説明よりも写真1枚
のほうが、家の魅力がより伝わるる

トップページはつくっている家の特徴が分かりやすく伝わることが重要。文章はできるだけ簡潔に写真などヴィジュアル中心にまとめるようにしたい。

# インパクトのある竣工物件の価格掲載

当社の一番の売りは「超《スーパー》コスパのいい家」です。ホームページ作成の際も、そのことが閲覧者に明快に伝わるように徹底的に考え、導き出したのが「すべての完成物件の情報（竣工写真やその住宅が建っている大まかな地名、面積、仕様などの情報）とともに、その建築価格を掲載する」という方法でした。

なぜその結論に至ったのかというと、家に限らず、消費者が商品情報で最も関心があるのは「価格」だからです。そして、実際に竣工した住宅1棟1棟の価格をホームページなどで事細かに掲載している工務店はほとんどなかったからです。ニーズがあるのに誰もやっていないことをやれば、小さな工務店のホームページでも何かしら消費者の反応があると考えました。

ただ、価格を掲載すればそれでよいというものではありません。価格を表示するということは、消費者にその価格を評価、検討されるということです。表示する価格には十分な配慮が必要になります。たとえば、大手ハウスメーカーと同じレベルの性能・仕様の住宅に1００万円程度安い価格を掲載したとしても、消費者から大きな反応は得られません。その程度の差であれば、ブランド力のある大手ハウスメーカーが選択されてしまいます。したがってホームページに掲載する価格は、明らかに安いと分かるものでなくてはなりません。当社のような小さな工務店であれば、５００万以上は安くなければ比較検討の対象にもならないでしょう。

# 事例ページでは必ず価格を明示

事例のトップページには
写真と価格をセットで表示

## 個別の事例ページ

施工事例
カウンターダイニングの家（立川市）
延床面積：㎡（坪）
本体価格：万円（税別）
オプション価格：万円（税別）
詳しく見る
朝陽の入る大きな吹き抜けの家（小平市）
延床面積：100.52㎡（30.41坪）
本体価格：1890万円（税別）
オプション価格：180万円（税別）
詳しく見る
山小屋の家（小平市）
延床面積：109.30㎡（33.06坪）
本体価格：1950万円（税別）
オプション価格：200万円（税別）
詳しく見る
ボルダリングの壁と収納の家（小平市）
延床面積：82.80㎡（25.04坪）
本体価格：1630万円（税別）
オプション価格：130万円（税別）
詳しく見る
スキップフロアの家（小平市）
延床面積：132.49㎡（40.08坪）
本体価格：2250万円（税別）
オプション価格：230万円（税別）
詳しく見る
ダブルリビングの家（小金井市）
延床面積：107.09㎡（32.4坪）
本体価格：2100万円（税別）
オプション価格：140万円（税別）
詳しく見る
腰窓と大きな吹抜けの家（小平市）
延床面積：101.84㎡（30.81坪）
本体価格：1750万円（税別）
オプション価格：85万円（税別）
詳しく見る
スケルトン階段とオープン棚の家（東村山市廻田町）
延床面積：87.16㎡（26.36坪）
本体価格：1650万円（税別）
オプション価格：88万円（税別）
詳しく見る
1.5階建ての家（平屋プレミアム）
延床面積：79.49㎡（24.0坪）
本体価格：1400万円（税別）
オプション価格：60万円（税別）
詳しく見る

# 竣工物件の価格は総額を正直に掲載

竣工した住宅のホームページへの価格掲載はあまり行われていないという話をすると、「いや、価格掲載しているビルダーやハウスメーカーはたくさんある」と思われる方もいると思います。確かに竣工物件の金額を掲載しているホームページはありますが、その多くは、本体工事の坪単価ではないでしょうか。

個人的な感想ですが、「坪単価」は結局いくらかかるのかという「総額」が分からず、住宅業界の人々が思っているほどには、一般の方にとってはピンとこない数値です。また、少しでもハウスメーカーの営業マンと打ち合わせした方であれば、「オプション」の存在を知っています。基本となる住宅の「本体価格」が安くても、一般的な収納や設備を入れたり、ごく当たり前の仕上げを採用したりすると、相応の費用が追加されることは分かっているのです。したがって、ホームページに掲載されている「本体価格」はあまり信用されていません。

ホームページには、写真に写っている竣工物件の正直な「総額」を掲載すべきです。ここではホームページに掲載する価格は相場より明らかに安い価格を掲載すべきといってきましたが、住宅の価格を掲載するのであれば、多少高くても正直に総額を掲載するほうが、長い目で見れば、工務店の信頼・信用につながると思っています。小さな工務店において信頼・信用は、会社の成長や維持に影響を及ぼす重要な鍵だといえます。

# 間取りはできるだけ載せる

## 個別の事例ページ

施工事例　朝陽の入る大きな吹き抜けの家（小平市）

延床面積：100.52㎡（30.41坪）

工事面積：114.35㎡（34.5坪）※工事面積は、延床面積に吹抜け・ロフト面積を加えたものです

本体価格：1890万円（税別）※設計料・床下暖房システム・シロアリ15年保証・設備なども含みます

オプション価格：180万円（税別）※造作家具など

朝陽の入る大きな吹き抜けの家（小平市）

ウッドシップの地元、小平市にまた新しい家が完成しました。東南角に位置する大きな吹抜けからは朝陽が心地よい光を落としてくれます。

北寄りの玄関を入ると、リビング上の吹抜けからの光が目に入ります。大きな吹抜けからの光は、ほぼワンルームの1階全体を明るく広がりのある空間にしています。リビングからそのまま上がるストリップ階段と吹抜けに面した2階ホールを含めると8帖もの大きな空間が上へと繋がります。1階には引戸で完全に個室にすることができる小さな畳スペースも用意されています。オープンにすればリビングの一部として、来客時は個室として利用することができます。

コンロ前もガラスのフル対面キッチンには窓を設けていませんが、大きな吹き抜けからの明るい光が届きます。キッチンからは1階のほぼすべての空間を眺めることができるので、家族と会話しながら気持ちよく家事をこなすことができます。

1階洗面室には広めの洗面カウンターを造作しました。朝の忙しい時間でも家族がゆったり仕度できる収納を兼ねた広めの鏡も魅力的です。

2階のホールからは吹抜けの高窓を介して東南の空を臨むことができます。明るいホールに面した2つの子供部屋は仲良く4.5帖＋収納と同じ広さです。バルコニーに面した主寝室は室内干しのスペースとしても利用します。少し奥行きのあるクローゼットには奥に棚を設けてスペースを有効利用。ロフトへの固定階段の下も収納として利用します。

ホールの突当たりの右手には2階の洗面とトイレが、左手には隠れ家のようなロフトへの固定階段があります。一見するとまだ部屋があったのかと思ってしまうような一番奥の階段を上がると南の小窓からの光で十分明るい7帖の広さのロフト部屋があります。収納としても十分な広さの空間です。

ダイニングから眺める大きな吹抜け

「一階吹抜け」がある家を見る

1F　2F　ロフト

間取りについては
かなり詳細に解説

個別事例のページのトップに
価格情報などを掲載

間取り図は必ず載せる

# 価格掲載を続けることが大事

当社では、本体価格とオプション工事価格（造作家具や断熱強化仕様など）の2本立てで個別の竣工物件の総額を掲載しています。同じ床面積（1階、2階など家全体の床の面積の合計）であっても要望によって価格が変動するのが注文住宅です。オプション工事によって付加した部分は正当に価格を上乗せ表示し、建築費用に対する正しい理解を促していくことも大切です。小細工も何もないストレートな価格掲載によって互いの信頼感が醸成され、適正な価格で家をつくるという協力関係が生まれてくると思います。

ただし、竣工物件の価格掲載は、お客にとってハードルの高いものです。事実、当社も設立当初はなかなか理解を得られず、お客の協力を得られないことも多々ありました。しかし、当社の「超《スーパー》コスパのいい家」の理念をご理解いただいたうえで何組かのお客に自宅の価格掲載に協力していただけたことで、続くお客の価格掲載へとつながり、最終的にはすべての竣工物件の価格掲載につながったと思います。掲載数が増えていけばデータベースとしての価値も高まり、お客も価格掲載への抵抗が少なくなってきます。

いまでは、お客が当社に住宅を依頼するときは竣工後にホームページで価格掲載するのが当然と思っていますし、当社としてもホームページでの価格掲載が基本的な契約の前提条件になっています。

# 間取りと価格を併記し、よりイメージしやすく

延床面積や建築価格を具体的に提示し、右の間取りの内容と正確な価格がイメージできる

間取りから右の金額と延床面積でどんな部屋がつくれるのかイメージできる

## プラン参考例のページ

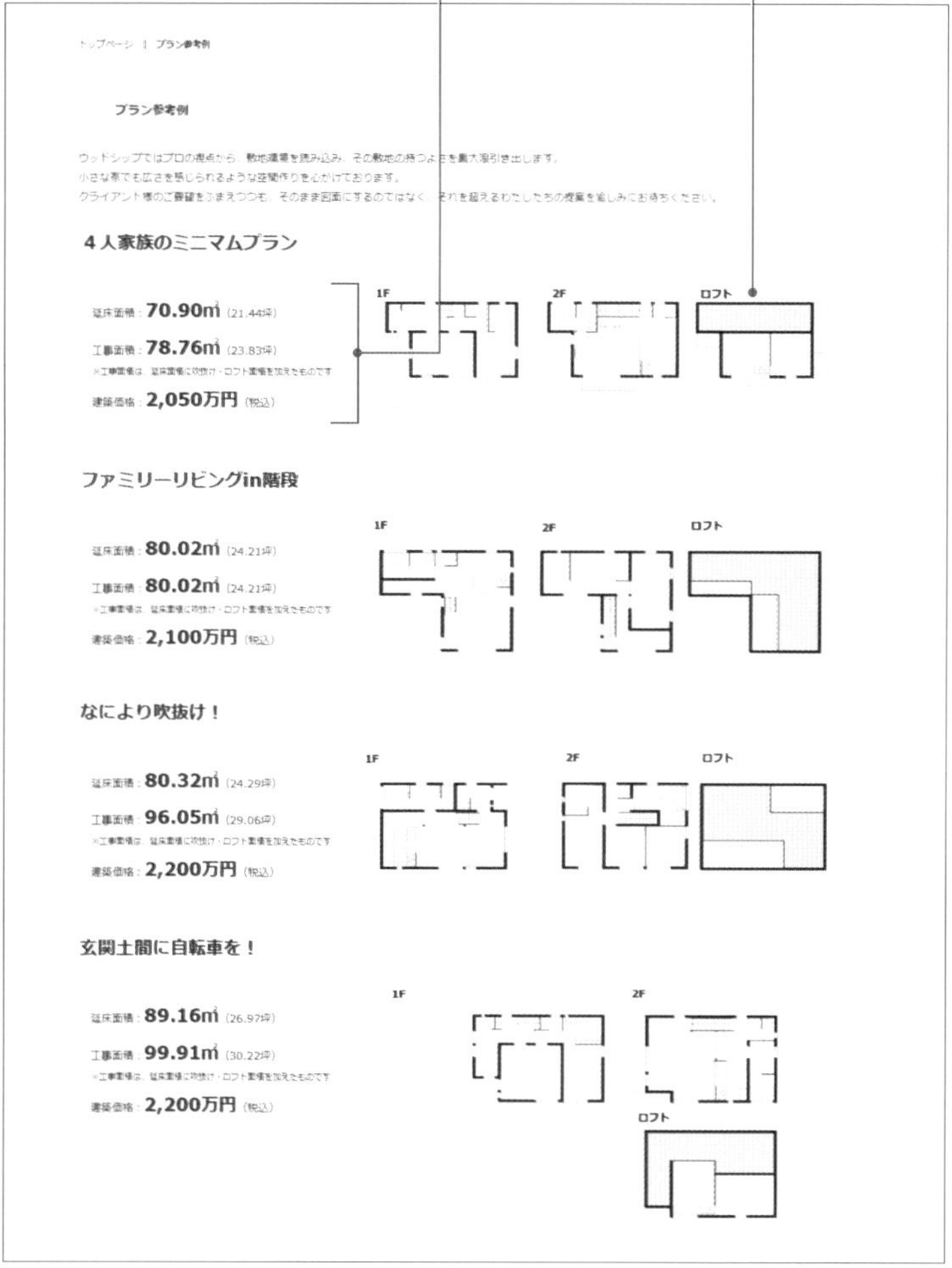

トップページ ｜ プラン参考例

プラン参考例

ウッドシップではプロの視点から、敷地環境を読み込み、その敷地の持つよさを最大限引き出します。
小さな家でも広さを感じられるような空間作りを心がけております。
クライアント様のご要望をふまえつつも、そのまま図面にするのではなく、それを超えるわたしたちの提案を愉しみにお待ちください。

**4人家族のミニマムプラン**

延床面積：**70.90㎡**（21.44坪）
工事面積：**78.76㎡**（23.83坪）
※工事面積は、延床面積に吹抜け・ロフト面積を加えたものです
建築価格：**2,050万円**（税込）

1F　2F　ロフト

**ファミリーリビングin階段**

延床面積：**80.02㎡**（24.21坪）
工事面積：**80.02㎡**（24.21坪）
※工事面積は、延床面積に吹抜け・ロフト面積を加えたものです
建築価格：**2,100万円**（税込）

1F　2F　ロフト

**なにより吹抜け！**

延床面積：**80.32㎡**（24.29坪）
工事面積：**96.05㎡**（29.06坪）
※工事面積は、延床面積に吹抜け・ロフト面積を加えたものです
建築価格：**2,200万円**（税込）

1F　2F　ロフト

**玄関土間に自転車を！**

延床面積：**89.16㎡**（26.97坪）
工事面積：**99.91㎡**（30.22坪）
※工事面積は、延床面積に吹抜け・ロフト面積を加えたものです
建築価格：**2,200万円**（税込）

1F　2F　ロフト

# 竣工物件写真の重要性

ホームページでの価格掲載について説明してきましたが、同様に重要なのが掲載する竣工物件写真のクオリティです。竣工物件の価格掲載はあまり見かけないのでその成功事例も少ないとは思いますが、竣工物件の写真のクオリティの高さで成功している工務店はたくさんあるのではないでしょうか。個人的な感想でいえば、竣工物件の写真がきれいな工務店は、かなりの割合でホームページから仕事が取れていると思っています。

お客は自分の理想とする住宅をつくってくれる住宅会社を探すためにホームページを見ています。もちろん、家づくりのコンセプトや、どのくらいの価格の家をつくっているのかなども重要ですが、それと同じくらい重要なのが、実際につくっている家の写真、つまり竣工写真なのです。

したがって、建て主は実際建てられた家の良し悪しではなく、家が写っている写真の見栄えで家のクオリティを判断します。そこで、自分の理想から著しく離れている、見栄えが悪いと判断されれば、そのホームページから離れてしまいます。しかも、大手ハウスメーカーなどはプロが撮影したとっておきの美しい写真や精緻なCGを載せていますので、スナップのような竣工写真は悪い意味で目立ちます。集客においてホームページに掲載する竣工写真はとても重要なのです。

# スナップ写真と建築写真はかなり違う

## スナップ写真と建築写真の違い

スマホやデジカメの性能が上がっているが、そのまま撮っただけでは、美しい建築にはならない。少し暗かったり、特定の色味に偏ったりするだけでなく、特に建築写真の場合は歪みがとても気になる。撮影時や画像編集ソフトなどで補正する必要がある

ちゃんと構図や露出を決めて撮影し、かつ歪みがないようにカメラもしくは画像編集ソフトで補止するだけで、一定以上の美しい建築写真を撮ることができる。これを繰り返し行い、ホームページに掲載し続ければ、ホームページ全体の印象も格段に上がる

# 素人でもそれなりの建築写真は撮れる

当社では竣工物件の撮影は、代表である私ともう1人の女性社員で行っています。一般的に質の高い写真を掲載するのであればプロカメラマンに依頼するのがよいですし、当社もかつてはそうしていました。しかし、カメラマンの撮影日時の調整から現場での指示などの手間、撮影からデータ受け取りまでの時間、そして何より十数万円という費用を考えて、途中から自社で撮影する方向に切り替えました。いまでは、竣工見学会の準備の最中に効率的に撮影を行っています。

撮影には、一般的なミラーレス一眼カメラに広角レンズを使っています。もちろん、高いカメラ、高いレンズであれば、暗い室内などでもきれいに撮れると思いますが、比較的安価なカメラでも構図（アングル）や明るさなどをしっかりと確認したうえで三脚で固定してシャッターを切れば、十分きれいに撮影することができます。ただし、世の中のほとんどの建築写真がそうであるように、柱や床、天井などが水平垂直になるように、撮影時はもちろん、画像編集ソフトなどでも修正する必要があります。

なお、構図や明るさの調整などは専門的な部分なので、プロのカメラマンから教わるなり、撮影の本を読む、建築写真を見るなどして勉強する必要があります。そして、とにかく数多くシャッターを切れば、それなりの写真が撮れるはずです。

# 素人でも上手にきれいな建築写真は撮れる

竣工写真の撮影の様子。アングルや水平・垂直をしっかりと決めたら、必ず三脚で撮影する。室内は基本的に暗いので手持ちだとぶれてしまうのだ。また、撮影用照明はできるだけ用いずに撮るとよい。そのほうが雰囲気が出る

掲載する写真の何点かは人物を入れた写真を載せたい。人物写真は子どもが遊んでいる様子など動きのあるものがベスト。人物の顔を正面からとらえず、自然に見えるようなシチュエーションやアングルで撮影したい

# 住宅性能を雄弁に語る

きれいに撮れた住宅の写真とその説明、そして正直な価格を載せるだけで、ほかのホームページとの大きな差別化や、強い「引き」になります。ただし、それで万全というわけではありません。住宅は高額な商品ですから、それを依頼するに足りる信頼感や信用がホームページから伝わる必要があります。

信頼や信用は、社歴や会社の規模（売上金額や社員数、資本金、関連企業など）、竣工物件の棟数などでも伝えることができますが、特にまだ社歴が浅い、竣工物件が少ない場合は、住宅性能に配慮した家づくりを前面に押し出すべきだと考えています。

住宅性能で重視すべきはやはり、耐震性と断熱性、そして耐久性です。小さな工務店が、大手ハウスメーカーや地域の有力工務店と互角に勝負するには、耐震性は品確法の耐震等級3、断熱性能は品確法の断熱等級4をクリアすることが必須要件といえます。当社の場合は、断熱性能については差別化を考えて、さらに上位のHEAT20 G2をクリアするようにしています。加えて、シロアリ対策、耐久性の高い材料の活用、防水性能なども具体的な数値や保証制度を明示し、耐久性に配慮していることを説明しましょう。そのほか、お金の話や家づくりの流れなどのページも設けて、真面目かつ丁寧に家づくりをしていることがホームページから伝わるように作成するのが肝要です。

# 家の特徴は見出しと分類で分かりやすく

家のキャッチフレーズを
トップに載せたい

## 当社の家の概要説明ページ

ウッドシップの家　**1000万円台でつくる、自然素材の木の家・高断熱住宅**

WOOD BOXは、Wood shipの提案する自然素材の木の家・高断熱住宅です。

建築のプロである私たちが、様々な観点からセレクトした部材や仕様を使い、自由設計でありながらも、契約総額1000万円台で高性能な注文住宅をご提供しています。

当社にはハウスメーカーのように営業マンはいません。広告宣伝費も最小限に抑えて、お客様から頂くご予算をすべて家づくりに注いでいます。 土地探しからご購入までのお手伝いや、家のプランニング、現場の工事管理まで、ワンストップでご対応しております。

お気軽にご連絡くださいませ。社員一同お待ち致しております。

**WOOD BOXはこんな家です**

**Value1.**
**超高断熱の家**
WOOD BOXは、北海道レベルの省エネ最高等級に相当する高断熱住宅です。しかも床下は最新の基礎断熱工法を採用、家じゅうどこの床も冷え込みません。さらに当社オリジナルの床下換気暖冷房システムによって、夏冬通してムラのない、快適な床温度を実現しました。 また、オプションで壁のダブル断熱仕様やトリプル樹脂サッシも設置可能です。ヒートショックのない健康な暮らしをお届けします。

**Value2.**
**耐震等級3の家**
WOOD BOXの設計は、構造計算ソフトによりすべて耐震計算しています。デザイン性の高さや、窓の多さ、開放的な吹き抜け空間などは耐震性を損なう要因になりがちですが、当社ではデザインと耐震性能を兼ね備えた、最適なプランをご提案しています。また構造壁には耐久性の高い無機質パネルを使用し、長期間の耐震性を担保しています。ご要望により制震装置の採用も可能です

**Value3.**
**高耐久ガルバリュームの家**
WOOD BOXは、メンテナンスフリーの住まいを追及しています。そのためのご提案が、ガルバリューム素材です。錆びにくく合金状態の素材ですので、屋根や壁をこのガルバリュームでつつむと、要塞のように長期間の劣化、雨水の侵入、色あせなどから家を守れます。シンプルなフォルムとの相乗効果で、長期間にわたりメンテナンス費用のかからない、安心して暮らしてゆける建物です。

**Value4.**
**自然素材と暮らす家**
ちいさなお子様のいらっしゃるご家庭や、高齢の父母と同居される方などには、からだに優しい無垢の杉板が断然おすすめです。夏は畳のようにさらっとし、冬はとても暖かい感触があります。肌着と同じように身に着けるものにとても近い感覚です。このすがすがしさをぜひお届けしたいのです！　WOOD BOXは、階段材も扉枠も無垢の板を使用、何十年たっても木の香りがするホッとする住まいです。

wood shipの家　Value1. 超高断熱の家　Value2. 耐震等級3の家　Value3. 高耐久ガルバリュームの家　Value4. 自然素材と暮らす家

家の特徴は数を絞って、断熱
性能など写真で伝わらない真
面目なテーマを紹介する

# アナログな広告もモノによっては有効

パンフレットやチラシなどアナログな広告・宣伝もできるだけ費用を抑えながら効果的に活用すべきです。

会社や家づくりの内容などを説明したパンフレットは、ハウスメーカーや工務店などには必ず存在しているものであり、さすがにありませんというわけにはいきません。当社では会社や家づくりの説明は、ほぼほぼホームページに記載していますが、紙のパンフレットのほうが見やすいという方もいますし、年配の方であればその傾向が顕著です。また、他社との比較の際に使うこともあるでしょう。このときにパンフレットがなければ比較対象とならないわけですから、やはり重要なものといえます。パンフレットは、ホームページ経由の資料請求者や、見学会・モデルハウス来場者に渡すものですが、建築現場や会社の外に設置されたパンフレット用のポストなどにも置くなどして、広告・宣伝にも活用しています。

また、会社から徒歩3分の最寄りの駅には、自社宣伝用の立て看板を設置しています。駅の立て看板といえば相応の費用がかかりそうですが、東京都内とはいえこの駅はローカルな支線の小さな駅ということもあり、月に3万円程度に収まっています。駅を含む会社の周辺は特に受注の多いエリアであり、周辺エリアにおける会社名の認知度を高めるうえで一定の効果があると考えています。

## 立て看板やチラシもピンポイントで効果大

会社の最寄り駅に設置した立て看板の広告デザイン。デザインの雰囲気を伝える内外観写真とともに「1000万円台」「自然素材」「高断熱住宅」と家づくりのコンセプトを明快に伝えることを重視した

会社の道路側の板塀に設けられたパンフレット用のポスト。パンフレットはアクリル製のポストにさりげなく置かれているだけだが、人通りもそれなりにあるせいか、平均して1カ月で10冊程度は捌けているようだ

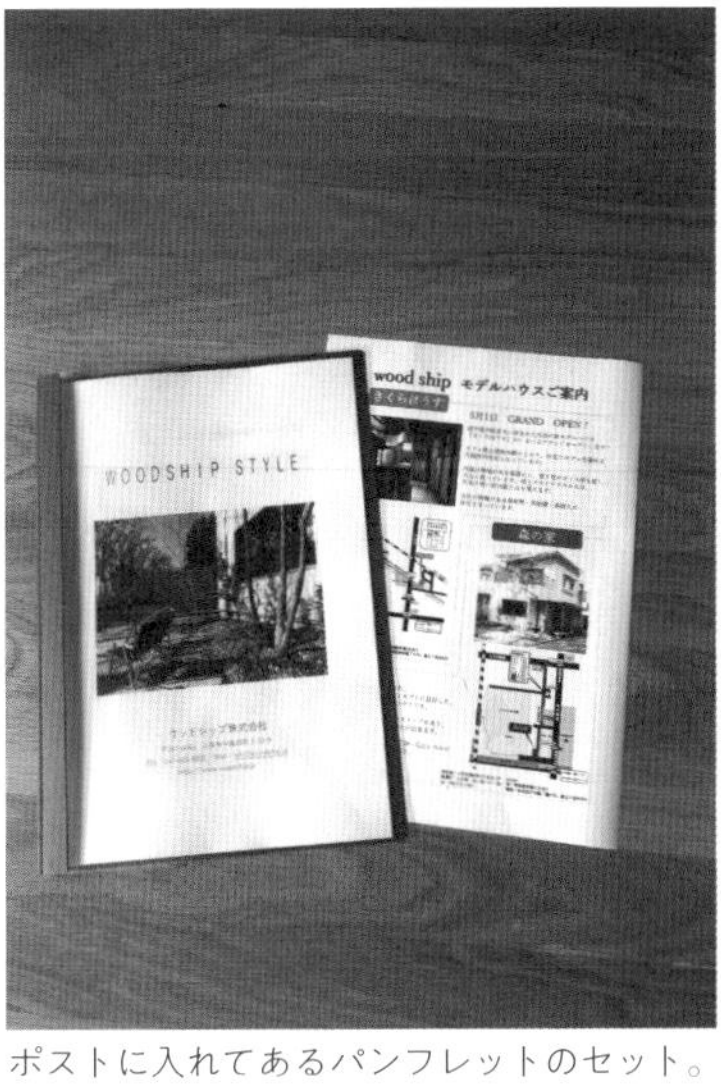


ポストに入れてあるパンフレットのセット。会社案内のパンフレットとモデルハウス案内のチラシをまとめたものを用意している

# パンフレットに必ず記載すべき内容

自社紹介のパンフレットは、何社かの工務店を比較検討している段階の方々が閲覧の対象になります。そのためメリットを簡潔に分かりやすく伝えることを意識した内容にしています。

特に重要なのは、①「設計コンセプトや住宅性能、工事体制・施工品質など」で、写真などを交えながら、設計コンセプトや断熱性能、耐震性能、耐久性能などを具体的に解説します。②「プランから入居までの流れ、建築費用の支払い時期について」は、設計から入居までの流れを簡単に説明しながら、お客が支払うのはどのタイミングかなどの重要事項を具体的に明示しています。③「標準仕様一覧や保証内容、メンテナンスについて」は、使用している建材、設備などの詳細や保証制度、メンテナンスの時期などを記しています。パンフレットはホームページを閲覧する層に比べてより当社により関心がある層が見ることを想定しているので、②や③の点でより具体的な記述をし、当社の手がける住宅についてより理解を深めてもらうような内容にしています。

当社のパンフレットは社員がWordで作成し、通常のコピー用紙にカラーレーザープリンタで印刷、それを市販のレポートメーカーで製本したシンプルなものです。モノとしてのクオリティは落ちるかもしれませんが、「無理・無駄を省くという一貫した姿勢」として考えてもらえればよいと思っています。

# 性能や品質はややマニアックにパンフで解説

## 当社パンフレットの性能解説ページ

【最適の断熱・気密性能を実現しています】

私たちは、東京の気候風土にあった、
快適な温熱環境を追及しております

コストとバランスを考えた
最適解を提案致します

最新のダブル断熱工法も
多数承っております

標準断熱性能：UA値0.46[w/㎡・K] HEAT20 G2仕様
高断熱型性能：UA値0.34〜0.43[w/㎡・K]
標準気密性能：　C値　0.9㎠ / ㎡以下

【高断熱樹脂サッシを標準装備】

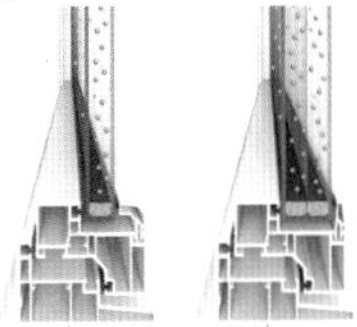

私たちの使う窓は、
寒冷地で使われる

樹脂フレーム ＋ Arガス入りペアガラス
高断熱サッシを標準採用しています

ご要望により、

樹脂フレーム ＋ Crガス入りトリプルガラス
木製サッシ　＋ Crガス入りトリプルガラス
も選択可能です

仕様や性能についての考え方を具体的に解説。マニアックな消費者向けに具体的な数値なども載せる

解説では無理矢理でも関連する写真やイラストなどを入れる。文字だけでは読んでくれない

# 無垢材や設計の説明で、既存のローコスト住宅と差を明確に

## 当社パンフレットの材料・設計解説ページ

無垢材は工事の際の扱いにくさ、引き渡し後のクレームのなりやすさからハウスメーカーや工務店から敬遠されやすい。使っていることで大きな差別化になる

【私たちは　本物の木を使います】

私たちは、本物の木を使います、
既製品は使っておりません。

国産の杉床板、
年輪が見える無垢板の階段、

窓枠も手すりドアも
すべて本物の木で造ります。

【私たちは　オリジナルデザインをご提案】

すべてのデザインと
設計プラン
構造計算を
自社スタッフにて
おこなっております

住宅設計のエッセンスを
ご提案致します

設計することは、規格住宅や建売住宅との大きな差別化になる。構造計算などを自社で行うことを明記することで、品質や性能にもこだわっていることも分かる

# 第4章

# 超コスパのいい住宅は効率的にモデルハウスを活用する

# 完成見学会でお客の関心を高める

完成見学会は、竣工した住宅を、問い合わせがあったお客に見てもらうためのイベントです。モデルハウスを持たない工務店や住宅会社にとっては、OB宅訪問などと同様、モデルハウスに代わるものといってよいかもしれません。いずれにしても、ホームページや実際の打ち合わせなどで自社の住宅に関心をもってくれたお客に、実際の住宅を見学してもらうことでより関心を高めてもらったり、納得や安心を感じてもらったりするうえで重要なイベントです。完成見学会は、契約獲得への必須のプロセスといえます。

設計にこだわる当社のような工務店の完成見学会では、実際の室内空間の特徴を感じてもらうことが重要です。通常よりやや低い2.2ｍの天井高さや、天井と窓の上端をそろえることによる視線の抜け感など、設計による細かな工夫や設えは、実際の建物に触れることでしか理解してもらえません。

また、断熱性能を高めた設計を行っているので、冬場の完成見学会は特に重要です。1階床下のエアコン1台で全室暖房した空間という、普通の家に住んでいると感じることができない暖かさを体感してもらうことは、受注への何よりの後押しとなります。夏場でも2階のエアコン1台で全室冷房した空間を体感してもらえるので、見学会にはエアコンを実装済みで臨んでいます。

## 完成見学会では心地よさを体感してもらう

### 工務店が主催する主な見学会

| 種類 | 概要 |
|---|---|
| 竣工見学会 | 住宅が竣工して引き渡す前に行われる見学会。実際に建てている家を見学できるので、その工務店の建てている家の特徴がよく分かる。モデルハウスをもたない工務店にとってのモデルハウス代わりとなるものである |
| 構造見学会 | 上棟から数日以内に行われる見学会。柱、梁が露出した状態なので、主に構造面の特徴などについて説明する際に用いられる。構造躯体はきちんと設計しないと見栄えが悪くなるので、構造や設計に自信のあるもしくは売りにしている工務店が開催するケースが多い |
| 断熱見学会 | 断熱工事が終わった直後に行われる見学会。構造も露出しているので構造見学会とまとめて行われることも多い。断熱工事は施工品質に差が出る部分なので、こちらも断熱工事に自信のあるもしくは売りにしている工務店が開催するケースが多い |

完成見学会の様子。実際に人が住む家を見れるというインパクトは高く、モデルハウスとは別のメリットが存在する

# 完成見学会は必ず事前予約で

完成見学会の集客は、自社ホームページでの告知と、社屋・モデルハウスに置いたチラシのみで行っています。完成見学会も1時間に1組のみの案内で、1日最大6組・2日間で最大12組までに限定しています。参加申込みはすべて自社ホームページを利用した事前予約制とし、会場の所在地も「○○市」のみで番地は記載せず、飛び込みでのお客がこないように心がけています。

集客数を増やすという点で考えると、すべてマイナスに働きそうな手法ですが、すべては「超《スーパー》コスパのいい家」を維持するためのコスト削減・省力化のためです。実際に告知から予約まですべてホームページ上で完結し、連絡もメールで済みます。

完成見学会は、担当者1名がお客の対応に当たりますが、これも予約制と時間制というルールによって実現できます。飛び込みのお客を避けるのも同様の理由です。また、飛び込みのお客は近所の方であることも多く、建て主のプライバシーを守る意味もあります。

予約制や時間制には、たくさんのメリットがあります。まずは、イベント用の設営を行わずに済むことです。また、駐車場も1台分のスペースで対応できますし、路上駐車や騒音などで近所に迷惑をかける心配も減ります。お客も他人の目を気にせず見学したり、担当者に質問したりすることができます。

# 完成見学会はホームページだけで集客・予約する

## ホームページによる予約の手順

見学会の日程が決まると、ホームページ上で告知と予約がスタートする。予約も事例の詳細データも、この告知ページから飛ぶことができる

予約ボタンを押すと、予約状況の確認と予約申込みができる。予約は指定日の1時間ごとの枠で可能だが、一度枠が埋まってしまうと、後からその枠に入れない

# 完成見学会では明確なルールをつくる

完成見学会では、基本的に個別の案件についての相談は受けていません。特にホームページ経由で初めて参加するお客には、パンフレットにあるような住宅の特徴を説明するだけにとどめ、個別の案件についての打ち合わせやより詳細な説明は、6章で解説する面談の際に行います。これにより、当社の家づくりに対して共感度の高い顧客を絞り込むことができます。

当社のホームページでは、標準の仕上げ素材などの情報だけでなく、見学した建物の価格などの情報も詳細に公開していますので、お客は見学中のみならず、見学後も十分に確認・検討することができ、より具体的に「超《スーパー》コスパ」のよさが理解できると思います。なお、完成見学会では、お客が引渡し前の住宅を傷付けたり汚したりしないように、十分配慮する必要があります。見学時にはお客に手袋をしてもらいます。壁などに付く手垢などを防ぐだけではなく、注意喚起の意味もあります。持ってきたリュックや手さげカバンなどを持ち歩かないよう、こちらで用意したかごに入れてもらいます。ご家族で落ち着いた時間を体感してもらうために、子どもの入場制限はしません。その代わり、子どもの手をしっかりつないでくださるよう求めます。

このようにいくつかのルールを決めることで、住宅の損傷などを回避できるだけでなく、見学時のマナーからお客のタイプを判別するのにも役立ちます。

# 住宅を傷つけたり、汚したりしない工夫が大事

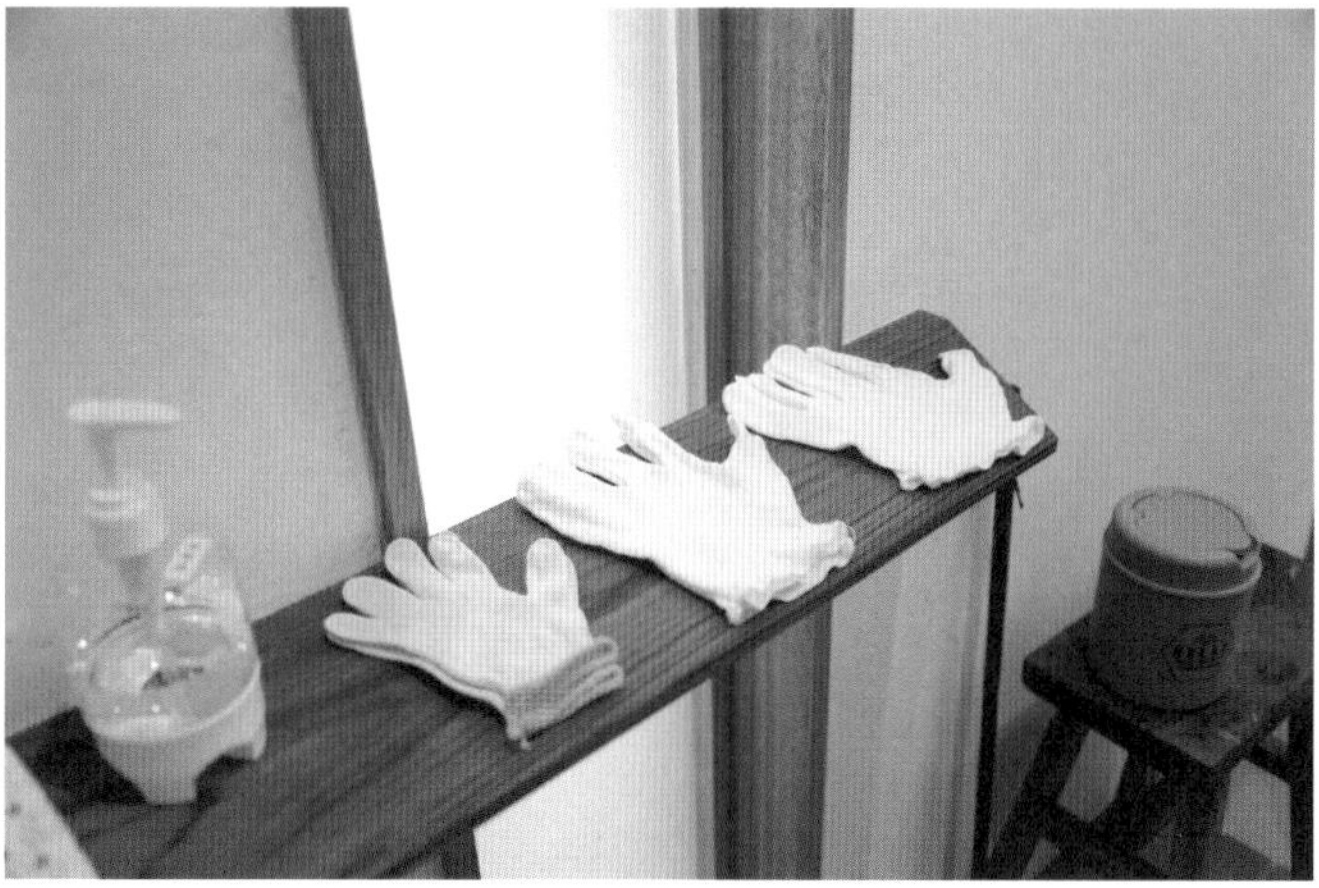

見学時にお客がはめる手袋。壁などに手垢が付くことなどを防ぐ目的以上に、注意喚起の意味合いが大きい。お客も注意しながら見学してくれるようになった

リュックや手さげカバンなどを入れるためのかご。特にリュックや肩かけかばんは壁にぶつかることが多いので、かごを用意する効果は高い

# 栗畑に臨む借景の家

既製キッチンを囲むように腰壁を設けた例。ダイニングからは造作家具のように見える

リビングに設けられた小上がり床。さまざまな場所に腰掛けることが可能

リビングの端に設けられた階段。蹴込みはクロス貼りとした

リビングの隣の廊下と玄関土間がある。土間の奥は収納スペース

# 超狭小7.5坪の家

キッチンからダイニングを見る。合板仕上げの65㎜厚の薄い間仕切で仕切っている

ダイニングとキッチン。間にはやや高い腰壁で区画されている。奥には和室も見える

洗面脱衣室には造付けの棚や吊戸棚が設けられ、水廻りの道具や雑貨を収納可能

ダイニングの隣の和室は押入れが設けてあり、寝室として機能している

# 丸柱と梁露しの家

ダイニングの壁には、階段裏のスペースを利用した棚を設けた

ダイニングと階段。中央の丸柱がインテリアのアクセントとなっている

リビングには4枚のガラスをつなげた窓を設置し、日中の明るさを確保

階段側から見たダイニング。リビングの造付けの棚が見える

# 家族で楽しむボルダリングの家

ダイニングの上には吹抜けを設けた。上に見えるのはロフトスペース

キッチンと階段。キッチンは腰壁と造作棚のおかげで家具キッチンに見える

ロフトスペース。狭小敷地の家では収納場所として欠かせない

吹抜けを利用したボルタリングの壁。建て主の要望を反映した

# 最強の集客ツール、モデルハウス

住宅メーカーの集客の大定番といえばモデルハウスですが、当社は創業10年目の2018年に初めてモデルハウスを開設しました。

それまでは、当社の建物を実際に見てもらう機会は、完成見学会や構造見学会、OB宅訪問に限定していました。これは、つくること以外に余分な経費をかけない「超《スーパー》コスパのいい家」を実現するうえで、最適の集客・営業方法です。しかし、専属の営業担当を置かない当社のような態勢では、極限まで省力化したかたちで見学会を開催しても、開催回数は月1回が限界で、「自分または家族全員で行ける日に見たい」「いますぐに見に行きたい」というお客のニーズを拾い切れていませんでした。そこで、お客のニーズと経費・手間、会社の成長などを十分に検討した結果、モデルハウスを建てることになったのです。

モデルハウスの最大のメリットは、お客の体験ニーズを幅広く拾えるということです。お客の見たいタイミングに合わせて比較的柔軟に対応できるだけでなく、完成見学会などに比べても見学のハードルが低いため、より多くの集客が見込めます。また、モデルハウスはハウスメーカーなどであれば必ず用意されているものなので、モデルハウスがあることでハウスメーカーとの比較相手として俎上に載りますし、会社の信頼感、安心感も高まります。もちろんモデルハウスは通年建っているわけですから、広告塔としての価値もあります。

# お客の体験ニーズを幅広く拾えるモデルハウス

## 竣工見学会とモデルハウスの比較

| 種類 | メリット | デメリット |
|---|---|---|
| 竣工見学会 | ・引き渡す前の家なのでほとんどお金がかからない<br>・実際建てた家を見てもらうことができる | ・期間が限られるため、着工棟数が少ないとお客に見学してもらうタイミングを失う<br>・建物ごとにデザインや仕上がりに多少の差がある" |
| モデルハウス | ・お客が見学したいタイミングで見ることが可能<br>・住宅総合展示場に出展できる<br>・基本的に予算をかけるので、全体的に品質・グレードの高い家を見せることができる" | ・建築費と土地代もしくは住宅総合展示場であれば出展費用などかなりのお金がかかる |

リスクを抑えながらモデルハウスを建設するのであれば、将来の売却を前提に建設するのが望ましい。その場合は売りやすい人気のエリアに建てるなど立地を十分に検討して計画する。

玄関廻りに板張りを多用したほか、正面側のそのほかの壁も湿式で仕上げている（森の家）

天井の板張りが特徴的なダイニング。窓枠やドアにも木を使ったカフェ風のデザイン（森の家）

# モデルハウスは拠点エリア内に建てる

モデルハウスは立地も重要です。小規模の工務店であれば、維持費のかかる総合住宅展示場を避け、一般的な住宅地や商業地に建てることになりますが、当社では何よりも拠点エリア内に建てることを最優先します。先に説明したように拠点エリアの受注を増やすのが「超《スーパー》コスパのいい家」のポイントですから、この条件は外せません。また、単純に人通りが多いというだけではなく、地域の人たちの散歩コースや公園・市民体育館・運動場などの入口に面していることなども重要です。当社のモデルハウスも地元の定番散歩コースである玉川上水に面した立地に建ち、通りに面した大きなFIXガラスの窓は、常時スクリーンを降ろさず、いつでも外からリビングの様子がのぞけるようにし、興味を感じて訪れるお客を増やすように心がけています。

モデルハウスがあれば、イベント開催のハードルもぐっと下がってきます。しかし、当社が主催するとなると、社員の負担がかなり増えてしまいます。そこで、現在はモデルハウスのスペースを貸し出すだけのイベントを試みています。市のイベントに合わせ、庭先でのフリーマーケットの参加者を募って出店してもらいました。また平日の閉館中は、地元のママさん向けにヨガ教室などに使ってもらっています。これらは直接の受注につながるものではありませんが、社員の負荷がなく、地域への認知や地域社会との交流へとつながります。

# 地域に開いたモデルハウス「森の家」

遊歩道沿いに建つモデルハウス「森の家」。大きなFIX窓のおかげで遊歩道から室内の様子をのぞくことができる

「森の家」の2階にはガーデンバルコニーを設置。敷地面積一杯に住宅を建てざるを得ない場合が多い大都市近郊エリアならではの提案

# モデルハウスは超《スーパー》コスパで運営する

来場のハードルを下げて、その分集客力を上げるためにつくったモデルハウスですが、営業は土日祝日のみとしています。総合住宅展示場を見るまでもなく、平日と土日祝日の集客量は大きく異なります。モデルハウスの場合、営業中は最低1人の案内スタッフを付ける必要があるので、人件費をできるだけ抑える意味でも、このような営業スケジュールになりました。

営業日の案内スタッフは、モデルハウス周辺地域の主婦の方々にパートとして入ってもらっています。パートの方には営業などは依頼しておらず、純粋に接客のみをお願いしています。ただし、接客の最中にイチ主婦として感じるこの住宅の心地よさ、住みやすさなどについてお客と会話をしてもらい、お客の共感を促してもらっています。また、労働時間もパートの皆さんで管理してもらい、シフトを調整してもらっています。働く方々にとっては近所でパートどうし融通を利かせながら、各々の都合に合わせて働くことができるため、とても好評のようです。決して高額な時給というわけではありませんが、働きやすい環境のおかげでスタッフ募集には苦労せずにすんでいます。

なお、平日は個々に連絡をとってきたお客向けにクローズドの見学会を行っています。これらは代表である私、もしくは当社の各担当者が個別に対応するようにしており、各自の裁量に任せることで負担軽減を行っています。

# モデルハウスは休日限定営業で運営費を削減

モデルハウス「森の家」の見学の様子。美しい庭を見ながらゆっくりと見学することが可能

## 当社のモデルハウスの平日と休日の対応

| 種類 | 対応 |
|---|---|
| 平日 | 基本的に休業。ただし、担当者（社員）の裁量で、個別のお客に対して見学会を行うこともある。休業中なので、受付などは設けていない。基本的に空いているので、イベントや教室などに貸し出すこともある |
| 休日 | 営業中は受付・接客の担当者（パート）を常駐。必要に応じて、担当者が接客することもあるなど、通常のモデルハウスと同じような対応を行う |

モデルハウスの維持で大事なのが、人件費のかけ方。基本的には休日のみ担当者を配置してオープンするのが望ましい。

# 設計は既存路線の延長線上で

モデルハウスの性能レベルや仕上げの仕様、デザインのテイストなどは、後々受注しようとする建物の方向性に大きな影響を及ぼすため、慎重に検討する必要があります。また、モデルハウス建設を機に、今までとまったく異なるデザインやコンセプト、性能、価格帯の住宅を設計し、起死回生を狙うという考え方もありますが、完成見学会などを定期的に行い、それまでの住宅がお客の支持を手堅く得ているのであれば、リスク回避の面でも、過去の住宅の延長線上にあるものをさらに発展させた仕様やデザインで設計するべきだと思います。

当社のモデルハウスも、いままで建てていた住宅との連続性があるような性能・デザインを意識しつつ、やや高い仕様としています。理由としては、モデルハウスの仕様を、その後数年以内に標準化したいレベルにしたかったこと、今後も断熱性能が高くなり続ける可能性があるなかで、数年後にもモデルハウスの断熱仕様を時代遅れにしないこと、近年標準仕様以上のグレードを求めるお客が増えてきたこと、よりこだわったデザインとすることで会社の設計力・施工力を飛躍させる好機としたいこと、などがあります。

最初のモデルハウスができて2年以上が経過しましたが、訪れたお客の反応は上々で、モデルハウスと同じ仕様で建てたいというお客が増え、結果として標準仕様のレベルアップに役立っています。

モデルハウスは「ワンランク上」を目指す

天井の梁が露出する1階リビング。窓際は「ブックカフェ」と呼ばれるくつろぎのスペースで、ペレットストーブなども設置

鏡の裏に仕込まれた間接照明によるラグジュアリーな雰囲気の洗面室

石張りの落ち着いた雰囲気の浴室。腰窓と高窓を設けて、外の景色を眺めながら過ごせる

## 建築概要

所在地：東京都小平市
構造：木造2階建て
敷地面積：117.8㎡（35.6坪）
1階床面積：52.5㎡（15.9坪）
2階床面積：41.4㎡（12.5坪）
延床面積：93.9㎡（28.4坪）
竣工年月：2018年10月

壁は充填断熱の外側に断熱材を張り付けた付加断熱としている。HEAT20 G2以上には必須

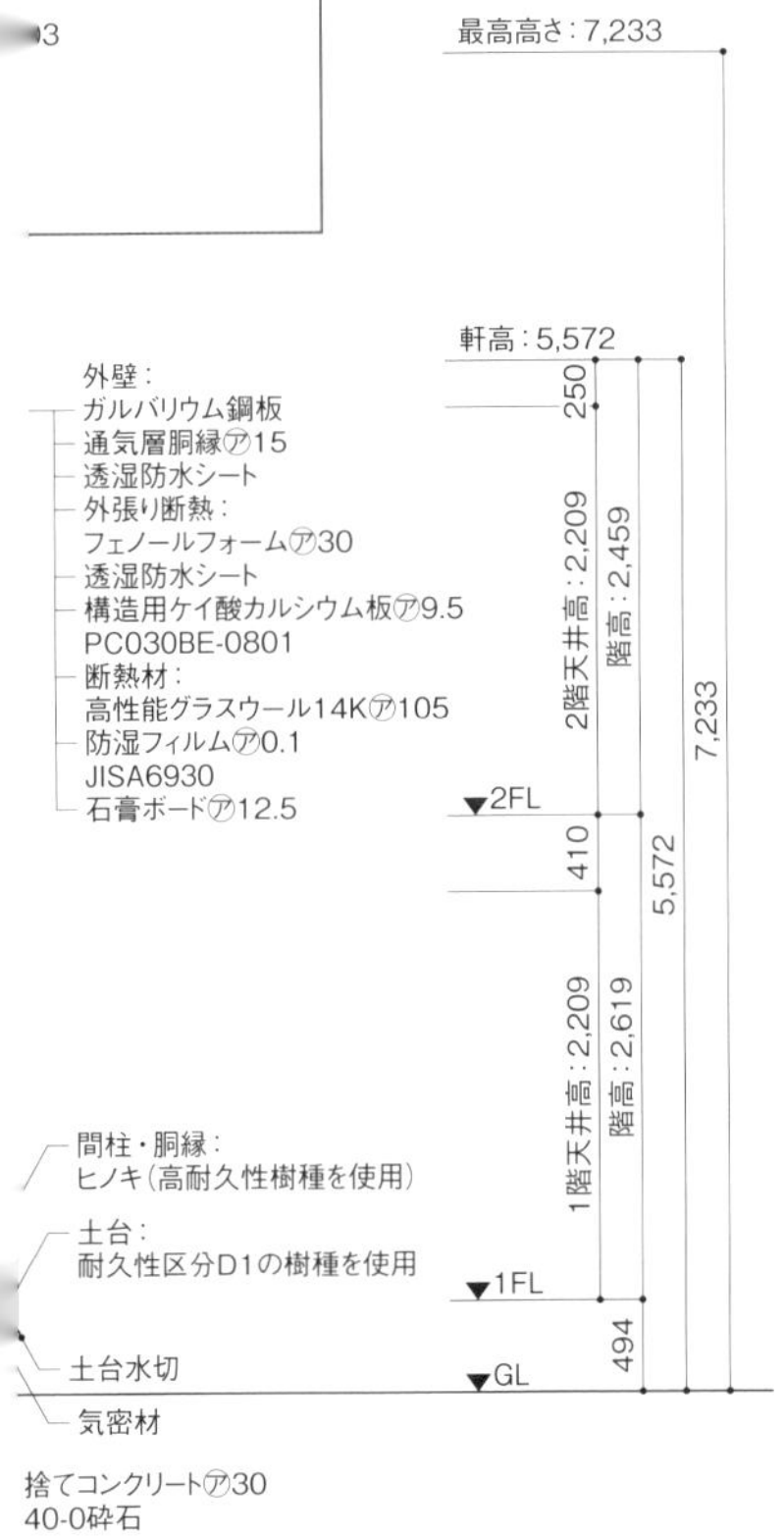


### 平面図（S＝1:200）

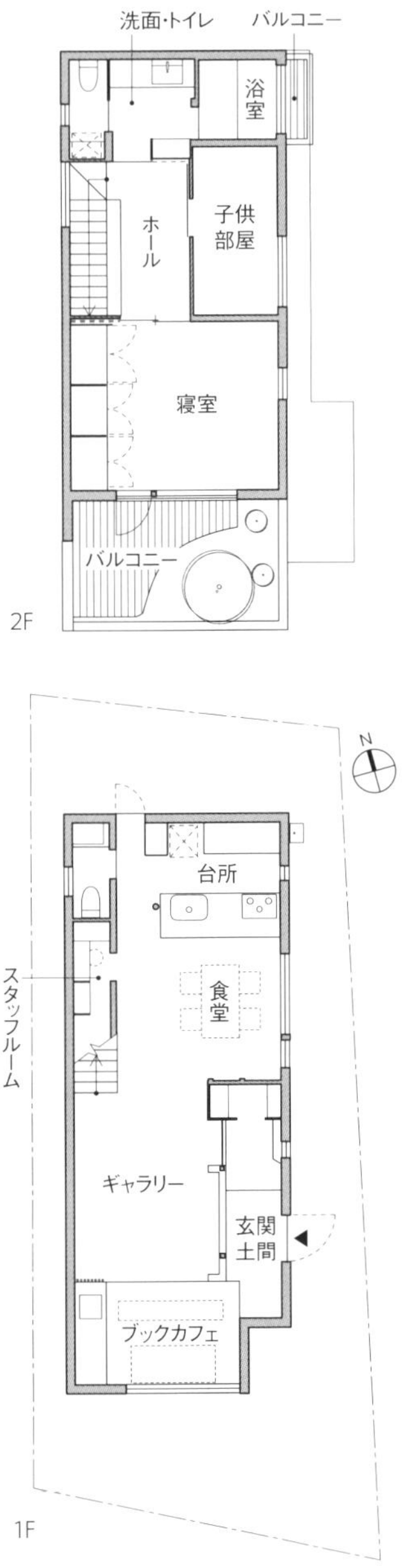

# 次世代の性能とワンランク上のデザインを盛り込んだモデルハウス（森の家）

## 設計図（S＝1:80）

屋根はセルロースファイバーとフェノールフォームを組み合わせて高い断熱性を確保

天井高さや建物高さを抑えることで、複雑な屋根形状や急勾配の屋根になることを避けた

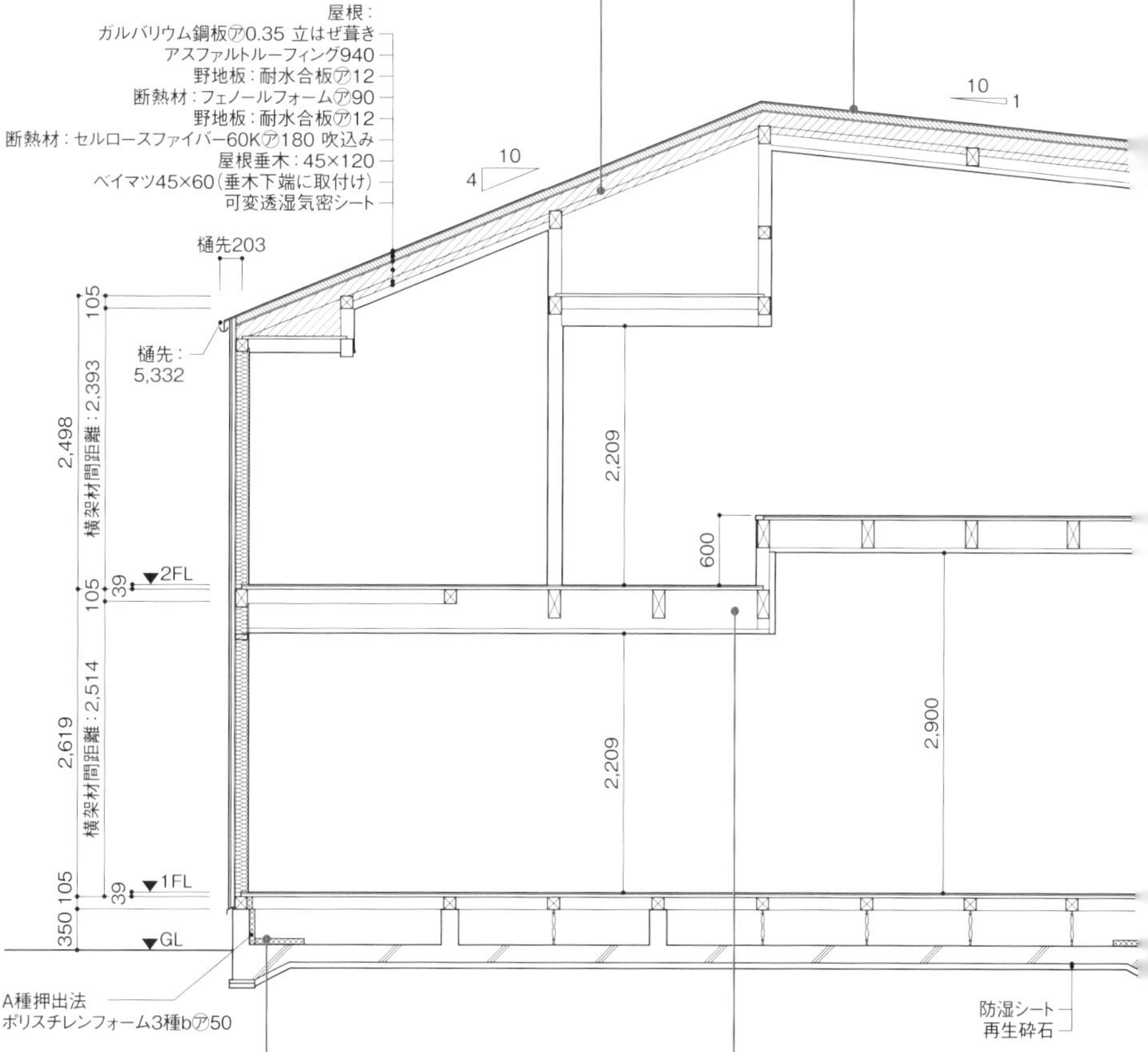


基礎断熱にすることで、床下をチャンバーとして利用した床下暖房が行える

1階の天井の高さに変化を加えるために、2階は床の段差を変えてスキップフロアとした

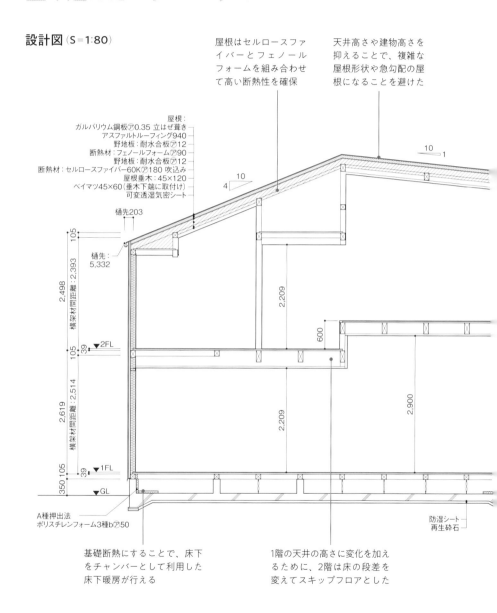

# モデルハウスこそ自社設計で

工務店のモデルハウスには、特定のデザイナーや建築家が設計したものが一定数存在します。このような地域の工務店ではなかなか見かけないデザイン性の高いモデルハウスは、一見して相当の集客が見込めそうですが、受注や施工となるとどうでしょう。もちろん、その都度デザイナーや建築家と設計契約を結ぶなら別ですが、利益率は落ちてしまいます。また、工務店が自力で受注・施工しようとしても、外部に委託したモデルハウスの仕様やディテールがかなり規格化されていない限り、その再現の精度は低く、似ても似つかないものに仕上がってしまい、結果的にお客の満足度を下げてしまいます。また仮に、モデルハウスで集客したお客様を通常の自社設計の住宅に誘導したとしても、そのデザイン性の差に幻滅してしまうでしょう。

自社設計であれば、その心配はありません。突き抜けたデザインの家にはならないかもしれませんが、第1章の「超《スーパー》コスパのいい家」の定義にあるような設計を行えば、工務店が想定するお客にとってちょうどよいデザインと住み心地の家が提案できると思います。もちろん、実際に建てる家との差異もありません。小資本の工務店では、建物の目新しさを重視して、短期サイクルでモデルハウスを建て替えることは費用的に困難です。モデルハウスとして長期の使用を想定し、経年変化に耐えられる、実直な住宅として設計することが重要だと考えます。

第 5 章

# 超コスパのいい住宅は地域を限定して家をつくる

# 営業・施工エリアを限定する意味

デザインや仕様、性能面で質の高い家を、相場より安い価格で提供する「超《スーパー》コスパのいい家」では、建築費圧縮のために徹底的な業務効率化が欠かせません。

たとえば、営業・施工エリアを設定する際、一般的な工務店であれば、会社から施工予定現場まで何とか移動できる距離（たとえば車で1時間前後など）であるかどうかでざっくりと決めている場合や、受注があれば営業・施工エリアから多少外れていても受けてしまう場合が多いと思います。

しかし、当社では「超《スーパー》コスパのいい家」を突き詰めるために、営業・施工エリアをあいまいにせず「高い生産性が確保できるかどうか」という視点で厳格に設定し、それを守っています。

特に「超《スーパー》コスパのいい家」は1人の担当者が複数の施工現場を回し、さらに引き渡したOB客のアフターフォローも行いますので、施工現場が会社から遠いとその分移動時間が増えるため、業務上の無理・無駄が多くなってしまいます。そのほかにも、竣工した住宅が広い地域に点在していると、会社や建てている家の認知度などの広告・広報の点で考えてもデメリットが多く、業務を効率化し、無駄なコストを省くうえで、営業・施工エリアを限定することはとても重要なのです。

# 営業・施工エリアを限定するかしないかで結果が大きく違う

| 営業・施工エリアを限定していない住宅会社 | | 営業・施工エリアを限定している住宅会社 |
|---|---|---|
| 広告・営業のコストがかかる | ⟷ | 広告・営業のコストがかからない |
| 受注量も増える | ⟷ | 受注量はほどほど |
| 工事現場が増える | ⟷ | 工事現場もほどほど |
| 工事現場の移動に時間がかかる | ⟷ | 工事現場の移動に時間がかからない |
| 1人の担当者のこなせる棟数が少ない | ⟷ | 1人の担当者のこなせる棟数が多い |
| 社員を増やすか、受注量を減らす（もしくは社員の負荷が増える） | ⟷ | 受注量を増やせる（もしくは社員の負荷が減る） |
| 利益が下がる | ⟷ | 利益が上がる |

一番大きいのは工事現場の移動時間で、仮に会社からの移動時間を1時間に設定すると、エリアが同一方角だったとしても2カ所で2時間超、東西南北に点在した場合は2カ所で3時間超なんていうこともあり得る。これはかなりの時間の損失となり、ほかの業務の時間が削られてしまう。

工事現場の移動時間がかからないことがとても大きく、さまざまな面でのメリットが得られる。ただし、地域よって人口密度が大きく異なるので、移動時間以外の要素の含めて総合的に分析したうえで施工地域を決めることが重要である。

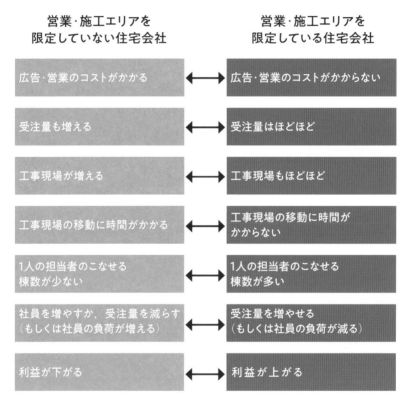

# まずは地域の住宅市場を把握する

まずは、拠点エリアにおける年間の新築一戸建ての着工棟数を知ることが重要です。これは国土交通省のサイトに「建築着工統計調査」のデータが掲載されていて、そのなかの「市区町村別・用途別の着工実績ファイル」に専用住宅の着工棟数が公表されています。当社を例に挙げると、拠点エリアである東京・小平市の人口は約19万人、木造一戸建ての着工棟数は年間1千100棟余りです。また、この統計は過去にも遡れるので、試しに過去5年間分を確認してみたところ、着工棟数に大きな変動はありませんでした。つまり、1千棟超の住宅が継続して建っているエリアであり、これからもこの傾向がある程度続くことが予想できます。

続いて、1千棟超の住宅のなかでどれだけの棟数を受注できるかを考えることが重要です。これは住宅商品の性格によって大きく変わります。一番のポイントは価格です。小平市の2018年の木造一戸建ての平均の広さ・価格は、床面積103㎡・価格1835万円（税別）となっています。平均に近ければエリアの消費者のニーズに合っているため、ある程度の売上を目指せる可能性があります。

ただし、一般的に住宅は土地と建物の総額で購入されます。地域の土地の販売価格も考えて、より安価な土地の提案を前提に総額を見直せば、もう少し建物の価格を高めに設定するなどの戦略も可能になります。

# 拠点エリア内で1%の受注を目安に

当社の大きな特徴でもある「自然素材の家」は、新建材が幅を利かせる世間一般の住宅のなかでは少数派で、万人向けではありません。また、営業や広報にはそれほどの予算を割いていませんし、ハウスメーカーなどに比べて知名度もあまり高くありませんので、幅広い客層に情報が届いているとは考えにくいのが実情です。そこで当社と同様に自然素材を多用する工務店などの実績、いままでの経験則などを踏まえて、拠点エリア（小平市）の着工棟数の1%（10棟）程度を受注目標にしました。現在、会社のある小平市の受注棟数もおおよそこの数値で推移しており、見立てとしては適切だったと思っています。

もっとも、性能や仕様を落として現在の平均価格（2千万円弱）よりも廉価に売り出せば1.5倍程度の受注も可能でしょうし、逆にデザインレベルを上げて高級路線を選べば半分の5棟程度の受注が現実的と考えますが、このあたりは実際の売上げやお客の反応、時勢などを見ながら調整していきます。

なお、広報やイベントに力を入れれば、受注棟数はまだまだ増やせそうですが、その分、広告・集客の手間やコストが増大し、結果として「超《スーパー》コスパ」が崩れてしまいます。受注棟数を無理やり増やそうとするのではなく、受注状況に応じて業務や着工時期を柔軟に調整するのが、安定受注と超《スーパー》コスパを両立させるコツでもあります。

# 準拠点エリアの目安は、移動時間30分程度

当社の場合、「超《スーパー》コスパのいい家」を広めたいという目標があり、それを担える人材を育成していきます。したがって、ある程度の数の社員を抱えながら会社を経営していくには、会社のある小平市（拠点エリア）だけでは不十分で、東村山市や国分寺市、小金井市など周辺地域に営業・施工エリアを広げていく必要がありました。もちろん、会社設立当初は広報活動や施工実績が不十分なので、小平市に限定した拠点エリアの受注目標が1％であっても、そのハードルはかなり高かったと思います。

そこで拠点エリアをさらに広げた「準拠点エリア」を設けました。会社から車での移動時間が片道30分以内という範囲です。移動時間が状況次第で延びることのないように、道路が混雑する朝の通勤時間帯の移動時間を想定して見極めます。

準拠点エリアを設定することでより広い地域のお客に対応でき、一方で移動時間からエリアを厳密に決定したので、移動時間がそれほど伸びずに効率的な業務を維持できます。また、現場移動の順番を整理し効率よく回れば、移動時間40分で2カ所、60分で4カ所といった具合に短縮することもできます。終日渋滞するようなエリアであれば、組み合わせ次第で自転車で回ることも可能です。現場に行くことが億劫でなくなり、結果として、住宅の質を向上させることにもつながります。

# 拠点エリアと準拠点エリアで業務効率化を図る

## 当社が設定する拠点エリアと準拠点エリア

**拠点エリア**
会社がある小平市全域。会社から車で10分程度、自転車でも移動できる距離。営業面で最も力を入れている

**準拠点エリア**
小平市に隣接する市。会社から車で30分以内で移動できるエリアが受注を受ける境界となる

中小規模の工務店であれば、上記のようにエリアを指定して業務を進めていくのが望ましい。なお、社員の設計・工事管理の経験値が高くなれば、小さな支店・営業所などを設けてエリアを拡大することも可能である。

# アフターケアで生きる狭いエリア設定

住宅の受注を順調に重ねていくと、引き渡した住宅のアフターケアや定期点検の労務コストが年月と共にかさんできます。このことに対する基本的な戦略は、劣化や不具合がほとんど発生しない「メンテナンスフリー」の建物をつくることなのですが、そのような視点に立って材料や品質にこだわってつくったとしても、アフターケアや定期点検は必ず発生します。そのときに、営業・施工エリアを近隣地域に限定していれば、それらに伴う訪問の際の移動時間などがそれほどかからないため通常業務を圧迫しないことはもちろん、訪問自体も担当者が負担を感じずに対応できることも、営業・施工エリアを移動時間で限定するメリットです。

当社では、建て主から担当者にアフターケアに関する相談があった場合、担当者は新築現場の工事管理の行き帰りのついでに訪問して迅速に状況を把握します。そして、最短のスケジュールで修理などの適切な対応を行います。これは営業・施工エリアを限定していることで可能になります。

アフターケアに対する迅速で誠実な対応は、何よりも建て主を安心させます。この積み重ねが最終的には会社への信頼や評価、そして口コミや紹介による受注へとつながっていくのです。営業マンをもたない「超《スーパー》コスパのいい家」ではこのようなことが重要なのです。

# アフターケアの面でも
# エリア限定はとても大事

### 営業・施工エリアを限定しない場合のアフターケア

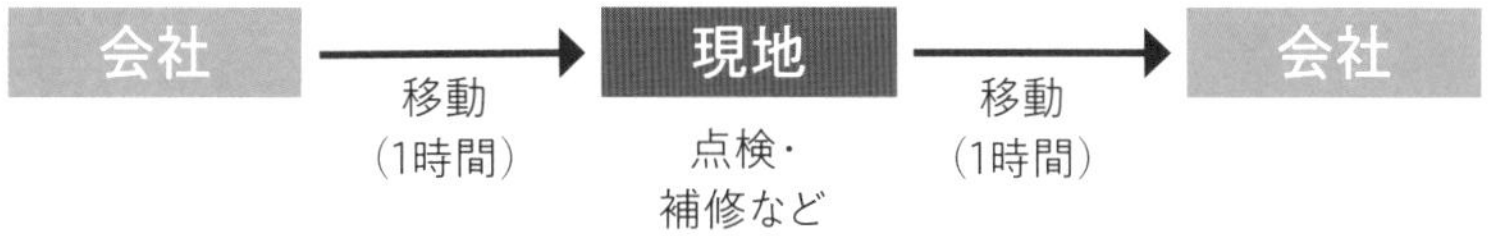


移動時間だけで2時間ほど。8時間の勤務時間で考えればとても大きい損失だ。

### 営業・施工エリアを限定した場合のアフターケア

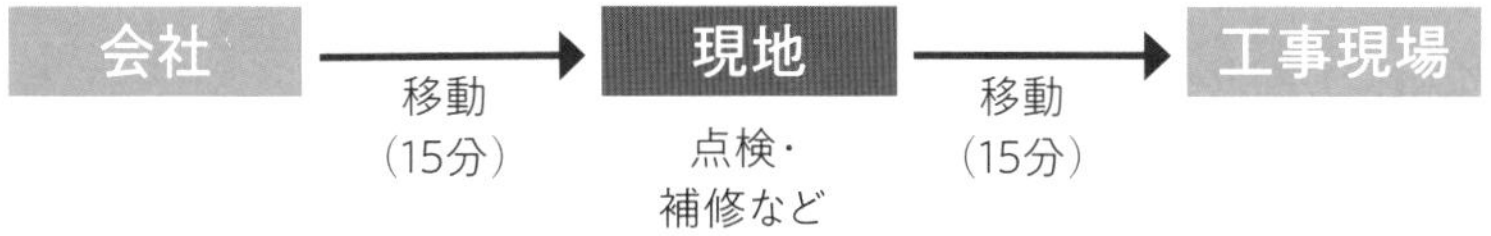


移動時間は合計しても30分ほど。この距離は建物の品質向上にもつながる。

### 当社のアフターケアの概要

| 種類 | 概要 | 対応 |
|---|---|---|
| 5年目点検 | 入居後5年目に屋根・壁・木部の点検。保証対象内であれば無料にてメンテナンス | 平日訪問 |
| 10年目点検 | 入居後10年目に瑕疵保証項目の点検。保証対象内であれば無料にてメンテナンス。併せて将来に向けての最適な維持管理を提案 | 平日訪問 |
| 不具合対応 | 入居後の不具合などは都度対応する | 即日対応 |
| その他の点検 | 5年目・10年目の無料定期点検以外のその他の時期での点検は有料にて対応。メンテナンス、修理も有料 | 要相談 |

一般的な工務店であれば、上記のようなアフターケアは標準的といえる。

# 狭いエリアこそホームページの集客を

当社は、集客をホームページで行っています。ホームページというと広いエリアから集客をするツールというイメージがありますが、たとえば、「地元の美味しいラーメン屋」のように多くの人が地元のローカルな情報も基本的にはネット検索で調べているのが現実のようで、それは住宅に関しても同じです。また、一次取得層の主力である30歳代夫婦の家庭が、新聞を購読しない、もしくは購読する場合も電子版で購読するというスタイルが一般的になってきていますので、折込みチラシの効果もかなり小さくなっています。加えてほかの土地から引っ越してくる人たちにとっては、地域での知名度や実績などが必ずしも有効とは言い切れず、ホームページなどインターネット上に掲載されている情報が最優先されるものとされ、その傾向はすでに十数年前から強まっています。

そのような状況のなかで、当社が地域限定の工務店であることをホームページ上でアピールすることは、ネット検索で見つけてくる営業エリア内のお客にとって親近感や安心感をもっていただけているようです。加えて、当社は住宅会社や工務店によっては施工対応してしまうような少し離れた地域でも、設定した営業・施工エリアを超えた地域であれば敢えて「受注しない」という方針をとっており、そのことが施工やメンテナンスに対する誠実で真摯な態度として受け取ってもらえているようです。

# エリアを限定してもコスパがいいのはホームページ

**エリア限定した場合の広告の効果**

| 媒体 | 地域特性 | 対象者 | 費用 |
|---|---|---|---|
| ホームページ | 地域を限定しないグルーバルな広告ツールだが、こと住宅に関しては「地域　工務店」「地域住宅」などで検索されることが多い | 30代、40代 の第1次取得者の目に入りやすい | ほぼ無償 |
| 新聞折込チラシ | 特定の地域に効果的に広告することが可能 | 高齢者が多いが、資産家の購読率はそこそこある | 50万円〜 |
| 新聞広告 | 地方紙などを有効活用すれば都道府県単位に効果的に広告することが可能（営業範囲がやや広域な中規模以上の工務店向き） | 高齢者が多いが、資産家の購読率はそこそこある | 50万円（地方紙）〜 |
| ラジオ・テレビ広告 | 地方局などを有効活用すれば都道府県単位に効果的に広告することが可能（営業範囲がやや広域な中規模以上の工務店向き） | 30代、40代 の第1次取得者の目に入りやすい | 1万円（地方ラジオ局・20秒）〜 |
| DM | 有効活用すれば特定の地域に効果的に広告することが可能 | 30代、40代 の第1次取得者の目に入りやすい | エリアや枚数による |
| 電車中吊り | 特定の地域（沿線）に効果的に広告することが可能（営業範囲がやや広域な中規模以上の工務店向き） | 30代、40代 の第1次取得者の目に入りやすい | 5万円（関東ローカル線・1週間）〜 |
| 看板 | 特定の地域に広告することが可能。駅周辺や主要道路など地域特性に応じた出稿が重要 | 30代、40代 の第1次取得者の目に入りやすい | 5万円（材料費込み・1カ月）〜 |

ホームページが軸となるが、営業エリアの特性や想定する顧客層、会社の規模などに応じて複数の広告を使い分けたい。

# 自社物件だらけの地域をつくる

営業・施工エリアを狭めるメリットはまだあります。当社の場合、設立当初の数年間は、受注総数に占める拠点エリア（小平市）の受注割合は受注全体の20％程度でしたが、近年は35％程度までアップしてきており、隣接する市（国分寺市など7市）まで合わせると80％にもなります。これにはさまざまな理由があると思いますが、限定した地域に施工物件が集中したことで、地域内において当社や当社が施工した住宅の認知度、住民どうしの口コミによる評判、当社への信頼感などが向上したことが大きいと考えています。実際に、住んでいる場所の近所に建った当社の住宅を見て気になって連絡してきたという顧客も増えてきました。

大手ハウスメーカーとは異なり知名度や信頼度のない小さな工務店ですから、町の至るところにこのような目に見える実績が存在するということは、かなり大きな宣伝効果になります。そして地元に根付いていることは、営業・施工エリア内の新規の顧客にとってかなり大きな親近感や安心感となります。

もちろん、この手法は大都市圏や地方の主要都市に限られてくる手法ですので、住宅の新設着工数が少ないエリアであればもう少し工夫が必要になりますが、それでもエリアを限定して、それに合わせた経営戦略を考えることは、すべての住宅会社の運営の基本になると思っています。

第6章

# 超コスパのいい住宅は打ち合わせを簡潔に行う

# 面談から契約までの流れの最適解

「超《スーパー》コスパのいい家」を継続して提供するため、「お金のかかる営業活動」はできるだけせず、ホームページやモデルハウス、街中に建っている当社が建てた住宅などを経由して、当社の家や家づくりの考え方を「気に入ってくださった方からの連絡待ち」に徹していることを紹介してきました。同様に、竣工見学会・構造見学会の参加や、お客との面談も、メールなどによる事前申込みからスタートします。

初回面談を経た後、具体的な建築候補地がある方には2回目の面談で、予算計画、建築予定地の情報、住宅についての要望などを聞き、3回目の面談では事前にメールなどで提案済みの1／100の平面・立面プランと概算見積りを詳しく説明します。そして、プランと価格に納得してもらった方には設計契約をお願いしています。ここで初めて支払いが発生し、まずは設計料（50万円）を入金してもらいます。そして3回目以降の面談で、プランの修正を含む詳細設計、建築確認申請などを行い、工事請負契約に至ります。ここで工事請負契約金として、建築費の10％を入金してもらいます。なお、段階的にお金をいただくことはとても重要で、このようなやり取りがあることで建築のプロである私たちと建て主の信頼関係が生まれると思っています。なお、3回目の面談でプランなどを提案した後、おおよそ2カ月間で工事請負契約となるのが、当社の標準的なスケジュールです。

# 契約までの流れを正確に把握する

## 当社の面談から契約までの流れ

| | |
|---|---|
| ❶初回面談（住宅見学後） | 見学会・モデルハウスなどを見学後、会社および住宅の説明と、お客の家づくりの希望や要望を伺う。 |
| ▼ | |
| ❷2回目面談 | 必要に応じて、より具体的な希望・要望を聞く場合もある。 |
| ▼ | |
| ❸基本プランの作成 | ヒアリングの内容から、基本プランと簡易見積書を作成（無料）。 |
| ▼ | |
| ❹プラン・見積もり提示 | 基本プランと見積もりを提示し、説明を行う。 |
| ▼ | |
| ❺設計契約 | 基本プランに納得し、詳細設計を希望される場合、設計契約（契約料:50万円）を締結。 |
| ▼ | |
| ❻詳細打ち合わせ | 基本プランを元に詳細な図面を製作するうえでのより具体的な打ち合わせを行う。設計契約は必須条件。 |
| ▼ | |
| ❼詳細設計・打ち合わせ | 詳細な建築図面を作成。作成後、お客と打ち合わせし、図面の修正を行う。 |
| ▼ | |
| ❽確認申請・地盤調査 | プランがおおよそまとまった段階で確認申請と敷地の地盤調査を行う。 |
| ▼ | |
| ❾最終打ち合わせ・見積り | 最終的な図面と見積書の提示し、説明を行う。 |
| ▼ | |
| ❿工事請負契約 | 設計・見積り内容を了承後、工事請負契約を結び、工事が始まる。 |

# 初回面談では信頼感を得る努力を

お客との初回の面談は、当社事務所またはモデルハウスで行います。初回面談では、自社パンフレットの内容に沿って、「超《スーパー》コスパのいい家」のメリットを具体的な内容や価格とともに説明します。この説明では、合理的に比較すれば誰が見ても「超《スーパー》コスパのいい家」が一番よいと感じてもらえるよう、その話し方や内容、資料、説明の手順などを練り上げておく必要があります。専門的な建築の話もできるだけ分かりやすく、また価格などは明快に、お客が納得感を感じられるように話していくことが重要です。

次に会社の体制を説明します。最初に、会社の経営状況などを説明します。受注が緩やかな右肩上がりで安定し、財務状況が健全であること。そして引渡し後の長期にわたるメンテナンスが行えるよう、手堅い経営を行っていること、加えてメンテナンスを行いやすい態勢づくりを行っていることを説明します。更に設計と工事管理を1人で担当していることとそのメリットを説明します。

初回面談のお客は、家づくりを依頼する相手の採用面接をしているようなものです。私たちは、家づくりや会社の理念を通して、建築の実力、デザインセンス、仕事に向き合う姿勢、人間としての信頼感など、さまざまな点でチェックされているといえます。その時その場で「この会社に任せよう」と感じてもらえることが重要です。

# 自社の方針と価格を明確に伝える

初回の面談が終わったら、基本的にお客からの連絡待ちになります。お客との頻繁なやり取りによる親近感頼みで受注してしまうと、当社の「超《スーパー》コスパ」を提供する理念を理解しないままで「お客様」となり、後々の「行き違い」の要因になります。「超《スーパー》コスパのいい家」は、当社のつくる家に共感してくれるお客に提供することによって、初めて事業として継続できると考えています。

2回目の面談では、建築予定候補地があるお客が中心となります。まず当社の概算建物価格表を提示しつつ、お客の予算計画を聞きます。「超《スーパー》コスパのいい家」はコストを絞りに絞った住宅ですから、値引きには対応しません。したがって、お客の予算と当社の住宅価格がかけ離れている場合は、その場で当社でのマイホームの実現は難しいことを伝え、あとはお客が予算を増額できるか判断を任せます。新たに土地を購入されるお客には、購入予定の土地が当社の住宅価格を差し引いた残りの予算内の土地価格であるのかを確認し、そうでなければ予算内の土地を再度探すことを勧めます。また、予算内で買える売地がありそうなエリアの情報と、実際の土地購入の助言も行います。施工エリアの話もこの時に行います。建築予定地が施工エリアから外れている場合は、この段階でもきっぱりとお断りします。「超《スーパー》コスパのいい家」を継続するためにはこのような「決まり事」を厳格に守っていくことが重要なのです。

# 超《スーパー》コスパのいい家に適した土地選び

お客が新たに土地を購入して家を建てることが決まりつつあるケースで、まだ具体的に土地を購入していない場合、通常は不動産屋さんを紹介して探してもらうなどして、土地の購入が完了するまで待つというかたちになると思いますが、これはあまり得策ではありません。なぜなら、土地を探している間に、ほかの住宅会社から不十分な知識を元に「超《スーパー》コスパのいい家」の価値を貶めるような情報を吹き込まれたり、競合する住宅会社が「超《スーパー》コスパのいい家」を踏まえたうえでホームページの情報などを参照し、分からないように質を落としつつダンピングといえるような価格を提示されたりして、お客が惑わされる可能性があるためです。したがって、このようなお客の場合、当社は設計の立場から土地購入に深くかかわります。

たとえば「超《スーパー》コスパのいい家」を実現するには、建築コストが高くつくような特殊な形状や高低差のある土地は避けるべきですし、地盤改良が発生しそうな土地も同様に回避する必要があります。また、当社の営業圏である東京都下も土地はかなり高価ですから、好条件の土地にこだわりすぎると、家の予算はかなり圧縮されてしまいます。したがって、土地も立地も「ほどほどに」よいものを予算内で選ぶ必要があります。

このように超《スーパー》コスパのいい家を実現するには土地の選び方にコツがあり、その点も不動産屋さんに任せきりにできない理由になっています。

# 超《スーパー》コスパに適さない土地はできるだけ避ける

## 建築コストがかかる敷地

### 敷地内で高低差のある土地

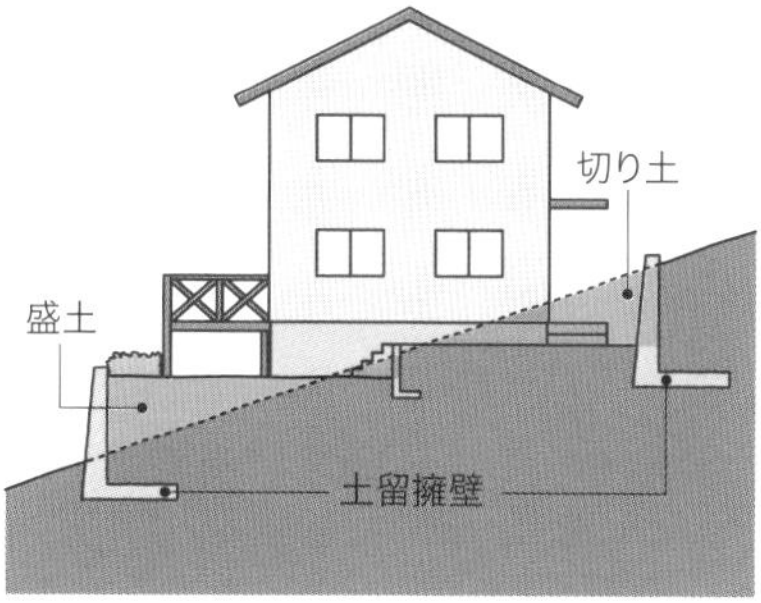


傾斜や段差など土地など敷地内で高低差のある土地は、敷地の高さに合わせた基礎をつくったり、敷地を平らにするために盛り土や切土を行う必要があり、その費用が発生する。

### 変形敷地

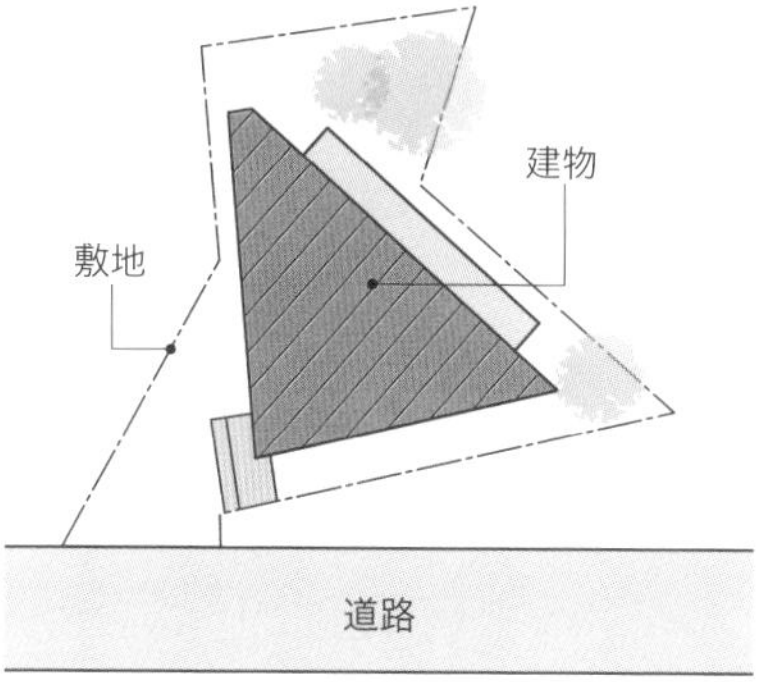


三角形やL型ような変型敷地は、シンプルな四角の総2階の家がつくれず、どうしても面積に対する建物の費用は上がってしまう。

### 軟弱地盤の土地

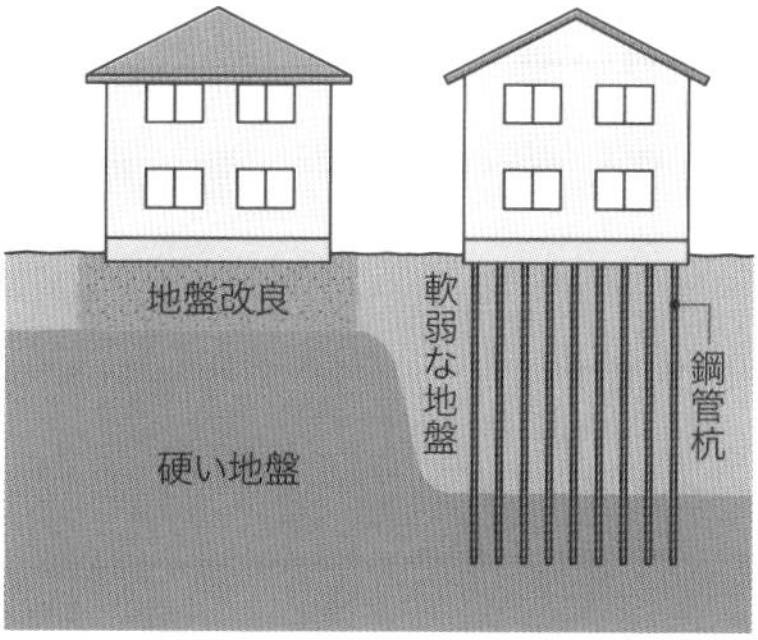


軟弱地盤は調査結果によっては地盤改良や杭工事が発生し、その金額は数百万円になることもある。

### 道路が狭い・離れている

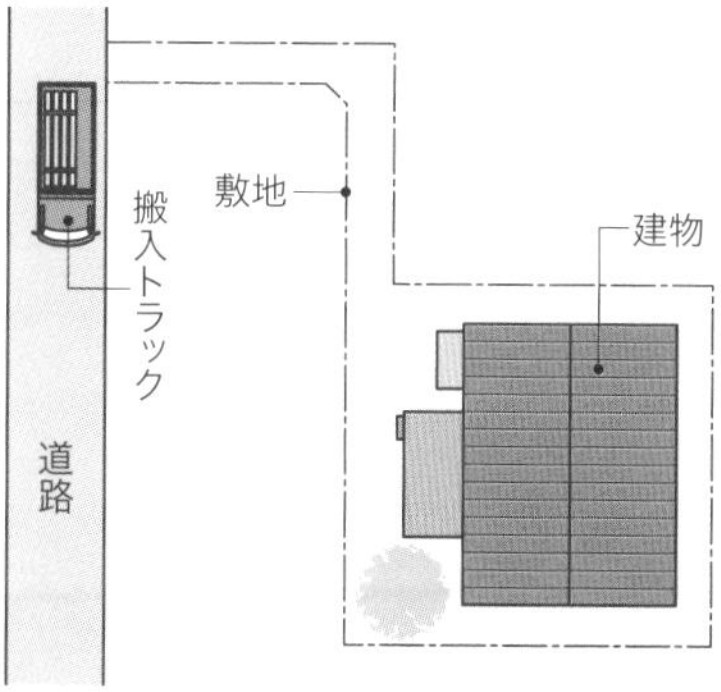


敷地周辺の道路が狭いもしくは旗竿敷地などは、トラックなどが近くまで行けず、工事全般に遅れや支障が発生しやすく、結果コストアップすることがある。

# googleストリートビューを土地探しに活用

大半の工務店や住宅会社と同様に、当社も宅建免許をもっていないので、不動産屋さんのような土地の紹介や売買はできませんが、建築のプロの視点からお客の土地探しのお手伝いをしています。

基本的にはお客が希望する地域や予算を聞いたうえで適切なエリアを提案し、お客自らに不動産情報サイトを利用して土地を探してもらいます。気になる物件があれば、その都度物件情報のURLをメールで送ってもらいます。当社では、その物件情報に記載されている内容と併せ、土地の様子を「googleストリートビュー」などで確認します。その後土地の状況、周辺環境などを考慮して建物の概算価格を速算し、土地代・諸費用などと合わせた簡易な資金計画をお客にメールで知らせます。これを候補地が出るたびにその都度行い、お客が購入を検討したい本命の土地が出てきたら実際の土地に出向き、隣地境界杭や道路幅、ライフラインの状況を目視・確認したうえで、購入に向けてのさまざまな注意点をアドバイスしています。

なお、お客による土地探しと並行して当社でも直接不動産情報サイトで土地を検索して、これぞというものがあればお知らせすることもしています。このWEBサイトによる土地探しもプロ目線で数年間継続して行っていると、よい土地を見つける直感のようなものが身に付いてきます。

# インターネットを活用して、土地を詳細に調べる

Google マップのストリートビュー画面。この土地は南に用水路の林が広がっていて、即お勧めのメールを送信した

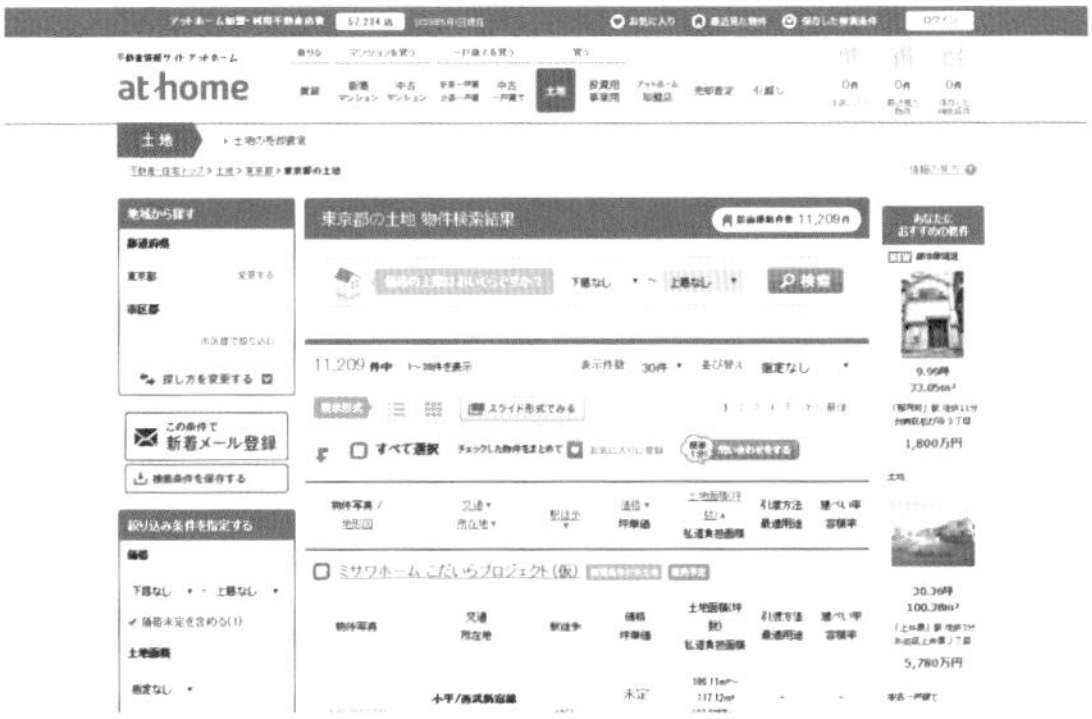


不動産情報サイトでオススメなのは、「at home」。個人の売り主物件が多いので値引き交渉にも応じてもらえる

# 土地探しから良好なパートナーになる

当社で家を建てたいと考えているお客と共同で行う一連の土地探しは原則として無償で行います。お客にとってこの時点では当社はまだいくつかの依頼先候補の1つかもしれませんが、土地という高額の商品を買うという経験はとても不安なものですので、そのときに建築のプロとして傍らから的確なアドバイスをすることは、お客に大きな信頼感をもってもらえることになります。

また、不動産部門のない、もしくは不動産の関連企業をもたない工務店などの場合、土地購入において利害関係が発生しないため、完全にお客の立場に立ってアドバイスをすることができますし、値引きのコツなども伝えることができます。そして、このようなやり取りをするなかで、つくり手と依頼主という立場を超えた関係性をつくることができます。同時に「超《スーパー》コスパのいい家」を実現するための適切な土地を選ぶこともできます。

このような土地探しの作業を進めていくと、お客の購入する土地が決まった後で契約につながらないという事例はかなり少なくなります。親身になってアドバイスした一連の土地探しの手間は、耳に心地よいセールストークに負けない「営業ツール」になるのです。逆にいえば、不動産は工務店の業務外と決めつけて、家探しにまったくかかわらない工務店も多々ありますが、これは実にもったいないことなのです。

# 間取りを描く前にヒアリングで聞くべきこと

購入する土地が決まったお客、もしくは建設予定の土地をもっているお客には、基本プランの作成と概算見積りを無料で提案しています。これは受注獲得となるかどうかの重要なプロセスですので、予算内の金額で、法規的にも問題なくかつ要望を満たすベストプランを作成します。

新築する家についての要望を聞くタイミングは、土地探しからのお客の場合は、土地購入決定の前になります。その際に必要な情報として居住人数や車の台数、リビングの設置階などの要望を聞きます。特にリビングの設置階については注意が必要です。当社の営業エリアの大半が住宅密集地であるため、2階リビングの場合だとプランがうまく収まるのですが、1階リビングを希望する場合だと日当りや眺望に不都合が出てしまいます。したがって、1階リビングにこだわる場合は、南側に建物が建っていないか、南に庭をしっかりとれるかなど、土地選びに制限があることを伝えます。土地が決まったお客もしくは土地をもっているお客の場合は、先の内容に加えて、各居室の広さやトイレの数、キッチンの形状などの要望、ロフトなどの要否などを2時間程度かけて聞き取ります。

これらを知ることでおおよその金額は判明します。予算が足りない場合はその場で実現が無理そうな要望事項を伝え、お客の望む予算で収まるように十分に確認をとります。

# 住む人や予算を正確に把握する

## お客の要望をまとめるヒアリングシート1

2021年　　月　　日

当社を知ったきっかけ：　ホームページ・モデルハウス」・紹介

建築主氏名《フリカナ》　　　　ご職業：　会社員・自営・建築関係その他（　　）

現住所　〒

| 居住者氏名 | 年齢 | 身長 | 居住者氏名 | 年齢 | 身長 |
|---|---|---|---|---|---|
| 施主： | | | | | |
| | | | | | |
| | | | | | |

ここで重要なのは居住者の年齢と身長を把握すること。年齢に応じて、引渡し直後、5年後、10年後の生活までを想像しながらプランを作成することができる。また、職業を把握することによって仕事に必要な部屋の有無、平日・休日の滞在時間なども理解することができ、これもプランに大きく関わってくる。

| | | |
|---|---|---|
| 建物予算 | 円 | 延床　　坪　解体 有・無　上下水引込 有・無　準防・なし入居希望 年　月頃(　　) |
| 敷地 | 円 | ㎡　建蔽率　　容積率　　引渡日： |
| 諸費用 | 円 | (200～300万円) 表題登記・保存登記/土地仲介料/ローン手数料/登録免許税/契約印紙 |
| 総予算 | 円 | 申請：連名・フラット・贈与・省エネ・耐震 |
| 自己資金 | 円 | |

最も重要なのは予算。予算もしくは増額の可能性の有無によっては、そもそも契約すべきではない、建て主としてミスマッチの可能性も考えられる。そのほか、解体の有無や上下数の引込みの有無、防火地域などの建築制限などは金額の増加につながるので、十分に把握しておきたい。

# 間取りに対する要望を事細かに把握する

## お客の要望をまとめるヒアリングシート2

ご要望内容

| | | |
|---|---|---|
| 駐車台数 | 大　台　中 | 台　軽　台　カーポート　自転車　台　サイクルポート　宅配BOX |
| 玄　関 | 土間収納 | 下足量　収納品：自転車・キャンプ・洋服掛け・スットカー　手洗器 |
| リビング階 | キッチン形式 | 収納・パントリー　持込家電 |
| | L/D | 食卓サイズ　TV　台　ソファー　天井：折り上げ・吹抜け・梁露し |
| | 居室 | 小上り/小下がり　畳間　収納 |
| | 洗面所 | 造作　収納 |
| | トイレ | 個室型・並置型　手洗有・無 |
| | 収　納 | |
| | 造作家具 | スタディカウンター・本箱・書斎・カウンター収納 |
| | 階段形式 | お任せ　スケルトン　手摺 |
| | 吹抜/勾配天井 | すのこバルコニー　ルーフバルコニー　ウッドデッキ |
| 階 | 浴室・脱衣場 | 収納 |
| 洗濯動線 | 洗濯機　階 | 屋外干　1・2階　屋内干し：洗面・ホール・寝室　他　ガス乾燥機 |
| 2　階 | 階段ホール造作家具 | 洗面　吹抜/勾配天井 |
| 居室階 | 寝室 | ベット　WIC |
| | 子供室 | ベット　収納 |
| | 子供室 | ベット　収納 |
| | 収納・WIC | |
| | 洗面・手洗い | トイレ |
| | 造作家具 | |
| | 勾配天井 | すのこバルコニー　ルーフバルコニー　ウッドデッキ |
| ロフト収納 | 固定階段・梯子・天井タラップ　使用目的 | 吹抜けと繋がる |
| 持込家具 | ピアノ　G/U | |
| | 窓シャッターシェード　電気錠 | トリプルサッシ　付加断熱 |

ここでは要望などを事細かに確認することが重要。もちろん、要望も優先順位があるので、何を優先したいか、ヒアリング時に十分に確認しておきたい。

# 6日でプランと見積りを行う

お客の要望を踏まえて作成する基本プランと見積書は、土日に家族でゆっくりと検討してもらえるように、土日に面談をしたら、その次週の金曜日までに送るように準備します。作業時間は休みも含めて6日程度になります。提案されるプランを楽しみに待ってもらうにはこれくらいの期間がベストという判断で、それ以上長くかかると、お客によってはストレスを感じてしまうかもしれません。人々の情報収集の速さは増すばかりですので、数年後には3日程度で提案できることが求められてくると感じています。

6日という限られた時間で最高の住宅をつくるには相応の技術や経験を要しますが、「超《スーパー》コスパのいい家」では、構造・性能・仕上げとも練り上げた標準仕様が決まっているので、それらを活用しながら設計すれば容易に高いレベルの住宅をつくることができます。

したがって、実際の設計では、使い勝手や動線の整理、感覚的な「居心地感」など、プラン（間取り）の作成に多くの時間を割きます。ただし、当社では30坪未満の建物が多くを占めるため、階段や水廻りなどの位置を含めて、プランはいくつかのパターンに集約することができます。設計担当者は、当社の過去の竣工事例のプランを参照したり、当社でいくつかの住宅プランを手がけたりしているうちに、当社のプランのパターンを習得し、短時間でプランをまとめられるようになります。

# 汎用性のある定番の間取りを考える

大きなクロゼットは、小さなクロゼットを複数設けるよりも少ない面積・費用で大きな収納量を確保できる

周辺の環境や日当たりなどを考慮して、2階リビングとしたプラン。住宅密集地では多く採用される

## 基本プランの例

かなりの面積を奪われる子供部屋。収納を外に出すことで、4.5畳でもベッドと机は確保可能

物置的な機能は2階天井裏にロフトを設けることで解決可能。ただし、屋根断熱が必須となる

# 見積りは1時間でつくる

基本プランがおおよそ決まった時点で、並行して見積りを始めます。見積りは基本的に専用ソフトを使いますが、インターネットで手軽に購入できる3万円程度の、操作が複雑でないものを利用しています。ちなみに当社では「みつもりLIGHT」（ビートンソリューション）を使っています。

当社では標準仕様（仕上げ仕様・性能レベル、それに基づく材料・工法の仕様など）が決まっているため、見積り項目と、材料・労務の単価データ（引渡し後の実行原価と対比・補正を常にかけている）を事前入力しておいたものを使えば、あとは基本プランをもとに各階とロフトの面積、窓の数などを入力すれば、1時間でかなり正確な見積りをまとめることができます。

もちろん、過去に採用実績のない仕様やイレギュラーな要素が要望されることもありますが、これらは事前に調査見積りの依頼をするようにしておけば問題ありません。

出来上がった基本プランと見積書はメール添付で送りますが、どちらにも特別に補足コメントなどは行いません。そして、これらについての事細かな説明はあくまで対面で行うこととしていますので、ここでまた連絡待ちとなります。

このような待ちの営業スタイルですが、プラン・価格面への評価もあってか、9割ほどは再面談の申込みがあります。

# 見積りは手間をかけずに最速でつくる

## 基本見積りの例

予算の多くを占める本体工事費だが、超コスパの家では仕様を固定しているので、施工面積で正確な数字を出すことが可能

見 積 内 訳 書

2020年 0月 0日

| 名称 | 材質・寸法 | 数量 | 単位 | 単価 | 金額 | 備考 |
|---|---|---|---|---|---|---|
| ○○邸新築工事 | 概算 | | | | | |
| 見積詳細仕様・内容は設計図面に従う | | | | | | |
| ≪建物本体工事費≫　2.5階建て | 施工面積：84.5㎡+ロフト9.1㎡ | 1 | 式 | 13,560,000 | 13,560,000 | |
| ≪住宅機器設備≫ | | 1 | 式 | 1,140,000 | 1,140,000 | |
| ［本工事計］ | | | | | 14,700,000 | |
| ≪本体オプション≫ | | | | | | |
| 【造作家具工事】 | | 1 | 式 | 800,000 | 800,000 | |
| 【建物外部工事】 | | 1 | 式 | 890,000 | 890,000 | |
| ［オプション工事計］ | | | | | 1,690,000 | |
| ≪屋外・外構工事≫ | | | | | | |
| 玄関土間仕上げ（内外部） | 床・巾木　タイル貼り | 1 | 式 | 130,000 | 130,000 | |
| 駐車場ｱﾌﾟﾛｰﾁ/コンクリート | 30㎡　刷毛引き仕上げ | 1 | 式 | 480,000 | 480,000 | |
| 建物周り　砂利敷き | 防草シート共 | 1 | 式 | 60,000 | 60,000 | |
| ［屋外工事計］ | | | | | 670,000 | |
| ≪設計申請・管理費用≫ | | | | | | |
| 地盤調査費 | | 1 | 式 | 40,000 | 40,000 | |
| 地盤保証保険料 | | 1 | 式 | 30,000 | 30,000 | |
| 建築確認申請費・完了検査費用 | 100㎡以下 | 1 | 式 | 60,000 | 60,000 | |
| 設計料 | | 1 | 式 | 500,000 | 500,000 | |
| 現場管理監督費 | | 1 | 式 | 1,200,000 | 1,200,000 | |
| 住宅瑕疵保険料 | 100㎡未満 | 1 | 式 | 50,000 | 50,000 | |
| 工事保険料 | 現場火災・物損・労災など | 1 | 式 | 80,000 | 80,000 | |
| ［設計・申請・管理計］ | | | | | 1,960,000 | |
| ［端数調整］ | | | 一式 | | ▲1,818 | |
| ※施主支給品の取扱いについて | 計画・打合せ費用１万円以上又は仕入れ想定額の18%を計上 | | | | | |
| ＜ 総合計 ＞ | | | | | 19,018,182 | |

ウッドシップ株式会社

ビルダーズ邸　新築工事概算 - 0001（0002）

玄関土間は標準仕様であればほぼ固定で、駐車場は大きさによって変動する

ある程度細かく拾う必要があるのは造作工事や外部工事（デッキテラスなど）など

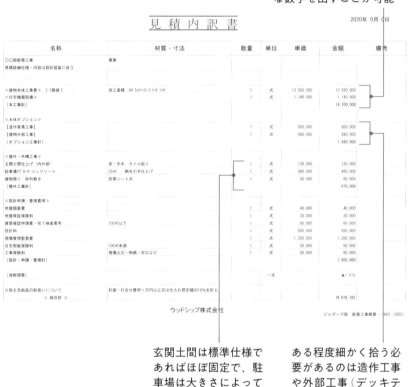

# 無料のプラン提案は原則1回のみ

3回目の面談では、プランの意図や見積りの内訳を詳細に説明します。そして、面談の最後に設計契約の意思表示をいただくケースも多くあります。

まだ設計契約を結ぶことに、迷われているお客は、「検討して、後日連絡してください」ということになりますが、その場合でも、こちらから新しいプラン提案や見積りの値引きなどはまったく行いません。「もう少しほかのプランも見てから決めたい」というお客に対しては、軽微な変更内容であれば、その場で手描きの修正提案を行います。しかし、プラン作成には高いスキルと、相応の手間をかけているということを話し、設計契約後であれば納得のいくまで設計変更・再設計ができることを伝えています。実際にこの説明で設計契約に進まれるお客も多くいます。

この面談後、3割程度は設計契約に至らないお客がいます。無料の面談を数回行い、基本計画を立案した結果、設計契約に至らないことの時間的な損失はそれなりに大きいものです。しかしながら、再設計や値引きをすることで数棟の契約を積み増しできたとしても、結果として労働生産性を著しく下げてしまいますし、「超《スーパー》コスパのいい家」を可能にする原則から逸脱してしまいます。ここは超《スーパー》コスパの働き方に徹することとし、契約に至らなかった要因は分析し、次回からの設計や営業手法に反映していくのが賢明だと考えています。

# 第7章

# 超コスパのいい住宅は家づくりをとことん効率化する

# 設計・施工分業化の長所と短所

住宅業界では、家づくりの一連の業務を、設計・積算・工事管理に分割し、それを各担当者で分担するのが一般的です。この場合、担当者に家づくりの総合的なスキルが求められることはなく、人材の採用・育成が比較的容易なうえ、業務内容が明確なのでマネジメントもしやすいなどメリットがあります。

その反面、住宅1棟にかかわる担当者の数が多くなり、各業務にどれだけの時間や人員を割くかにもよりますが、年間の着工棟数がそれほど多くない場合は、複数の担当者の業務の重複や業務の進み具合の違いによるタイムラグ、連絡・確認待ちなどによって無駄な時間が発生してしまい、人件費はかさみがちになります。また、日常業務においては、担当者間の引継ぎが増え、それに伴い引継ぎの際の連絡ミスなども多くなり、労働時間の増加やクレーム・トラブルの発生で社員が疲弊してしまうなどのデメリットもあります。

当社では、「超《スーパー》コスパのいい家」を実現するという前提に立って、こうしたデメリットを解消すべく、個々の住宅における設計・積算・工事管理（現場監督）は1人の担当者が一貫して行う態勢をとっています。そうすることで引継ぎ業務がなくなるだけでなく、予算を考えながら設計したり、工程を考えながら建て主への確認や資材の発注を進めたりと、業務をシームレスに行うことができ、より早く効率的に現場を進めることができます。

# 超コスパを考えれば設計・工事管理の兼任化

## 一般的な設計・営業・工事管理の分業の場合

### 分業のメリット

- 人材の採用が容易
- 各担当者には家づくりの総合的なスキルは必要ない
- 業務内容が明確なのでマネジメントし易い

### 分業のデメリット

- 住宅1棟にかかわる担当者の数が多く、人件費はややかさむ
- 担当者間の引継ぎ業務が発生するため、連絡ミスが多くなる
- 業務が重複するので、総労働時間が増える

## 設計（営業）・工事管理を兼任した場合

### 兼任のメリット

- 住宅1棟に担当者1人なので、間接人件費は抑えられる
- 担当者間の連絡ミスなどは基本的に起こらない
- 業務が重複しないので、総労働時間も抑えられる

### 兼任のデメリット

- 人材の育成に工夫が必要
- 担当者には家づくりの総合的なスキルが求められる
- 営業や現場監督が社内にいる場合は、処遇問題が発生

# 設計をアウトソーシングしない

当社の場合、各担当者の業務スキルに差があるので、プラン提案、概算見積書の作成などは設計主任が主となって業務を行います。

担当者は建て主と設計主任との打ち合わせに同席したうえで、設計主任が作成するプランを作図し、概算見積書を引き継ぎ、以降は建て主と直接打ち合わせをしながら、設計を詰めていきます。建て主とは2～3回程度の打ち合わせを行い、その都度、平面図、立面図などを調整しながらプランの承認をとり、続いて矩計図、展開図、電気・照明計画図などを作成します。

このうち矩計図や展開図などは、高さ寸法や納まり、仕上げなどをできるだけ標準化しているので、全体もしくは部分的に流用しながら作成して時間短縮を図っています。

建築確認申請の提出前までには、構造計算ソフトを使って耐震等級3を確保できているかのチェック、省エネ計算ソフトを使って外皮性能の計算などを行い、基準に達していなければ設計者がすぐに図面を修正します。

木造軸組図もプレカット業者任せにせず、専用ソフトを使って、担当者が伏図作成や梁の断面算定を行っています。こうすることで、吹抜けや化粧梁の見え方をコントロールしたり、スキップフロアなどの構造も自在に提案したりすることができるし、プレカット事業者との図面のやり取りも短縮できます。

# 構造計算を内製化するメリットは大きい

## 一般的な図面作成の手順

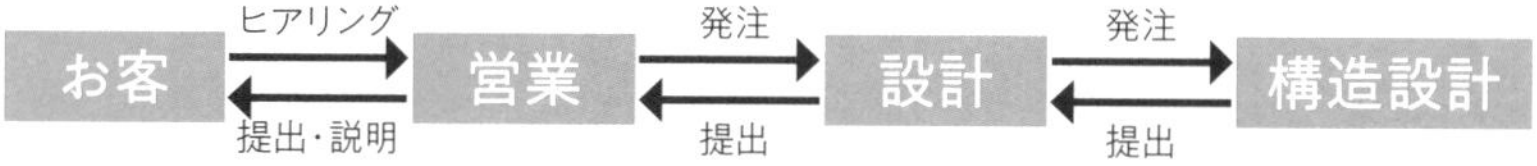


## 当社の図面作成の手順

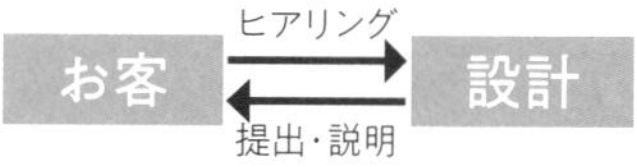


設計業務のすべてを1人の設計者が担当するため、間取りから構造、性能、仕様まですべて把握しながら設計できる。また、構造計算などを外注しないため待ち時間もなく、時間を有効利用しながら最短でお客に図面の提出やお客の意見を反映できる。

## 構造計算ソフトを使った社内での構造検討

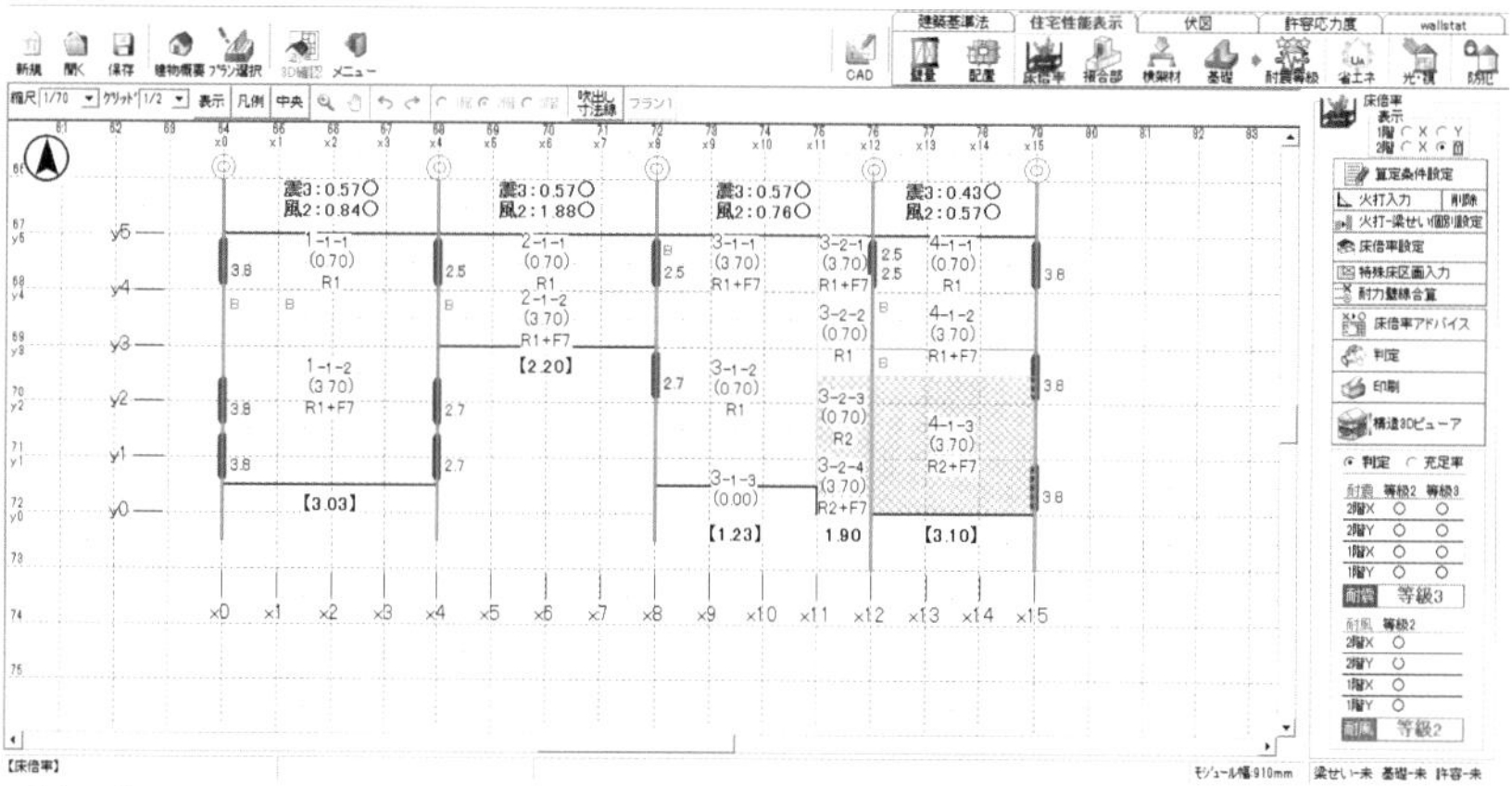


同社で使用しているホームズ君「構造EX」。担当者が設計中に随時構造計算を行えるようにしている

# 図面はできるだけ描かない

設計業務では「超《スーパー》コスパのいい家」につくり上げることを主眼に置いて、図面は施工にも役立つように描きます。たとえば、平面詳細図も意匠図としての位置づけを超えて、平面図だけでも大工工事が進められるレベルまで細かく寸法を入れます。窓のサッシも平面図に呼称表記を書き込み、平面図で発注・確認ができるようにします。また定番の納まりや標準工事は標準図面を作成し、繰り返し利用します。そのためにも、製品・材料の種類、施工の手順、材料同士の組み合わせ方などをある程度固定・標準化する必要があります。また標準図面は、施工のフィードバックを行い、常に検証・改善を繰り返しています。もちろん、標準化によって企画住宅や建売住宅などで懸念されるような住宅の「画一化」「マンネリ化」の心配がありますが、それでも個々のお客の要望や敷地条件・予算などを踏まえながら間取りやデザインを工夫することで、オリジナリティー溢れる魅力的な住宅を設計することは十分できます。

また個別のイレギュラーな仕様・内容については、口頭指示で十分現場に伝わる事項は図面の欄外への備忘書き込みで済ませ、作図の手間はできるだけ省略します。

お客への確認事項も打ち合わせ日まで待たずに、図面が完成次第ＰＤＦデータに変換し、それをお客にメールで送り、その都度チェックバックしてもらうなど、工事に滞りが起こらないようにしています。

# 細かな納まりを流用して設計・施工の効率化を図る

## 玄関ドアと土間の納まり

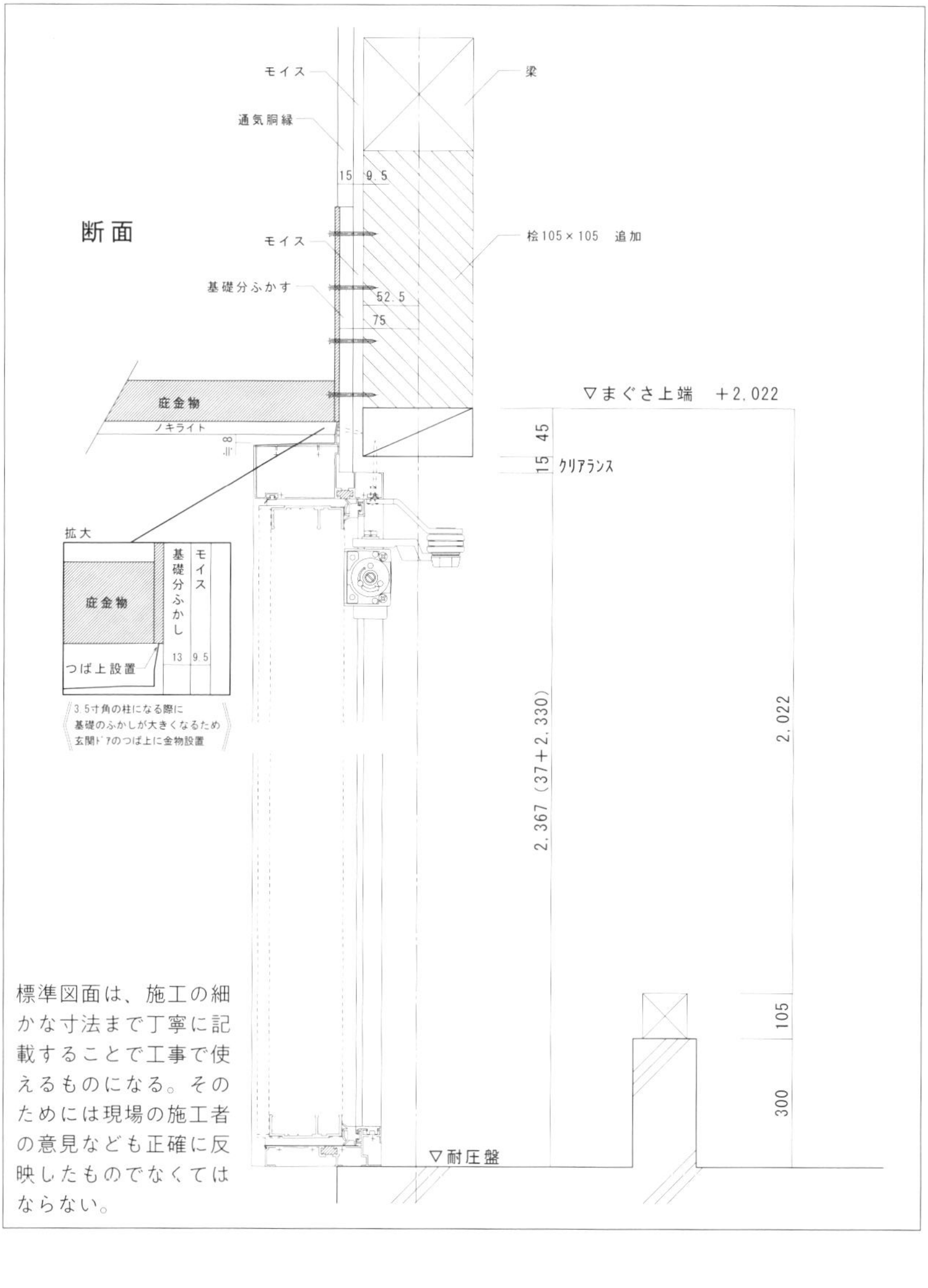


標準図面は、施工の細かな寸法まで丁寧に記載することで工事で使えるものになる。そのためには現場の施工者の意見なども正確に反映したものでなくてはならない。

# 設計しながら工事の発注を行う

設計者が現場監督を務めるメリットは、設計の段階で着工の準備を進められることです。工事とはいわば設計で決めたことを現場に反映する作業といえます。したがって、設計の各段階での決定事項を即座に着工の準備に反映すれば無駄がありません。そして着工までの何もやらない（生産しない）時間を短縮し、時間的に余裕をもって資材や職人を確保することが、竣工に至るまでの全工程を通じたスムーズな施工をもたらします。

まず、設計中に仕様が決まり次第、すぐに業者見積りをとります。こうすることで、詳細図面が確定すると同時に最終見積りもまとまり、着工1カ月前に発注することができます。今回のコロナ禍でも、ユニットバスやシステムキッチンの発注を着工前までに済ませておいたため、住宅設備の受注停止・供給遅延が生じた際にも問題なく指定期日に現場に納品でき、工事も遅延することなく予定どおりに進められました。また、配置図が完成した時点で地盤調査会社に発注をかけておきます。早期の地盤調査によって地盤補強の要否を確定しておけば、基礎着工日から逆算して地盤補強を進めることができます。

仮設資材や基礎工事の手配・着工期日の設定も、専属大工のスケジュールや上棟予定日を確認しながら、請負契約前に済ませておきます。なお、基本プランの承認から着工までは3カ月間を基準に仕事を進めていくとよいでしょう。

# 上棟前にもやるべきことはたくさんある

## 漏れを防ぐ! 発注·依頼チェックリスト1

| 発注·依頼時期 | 項目 | 発注日 | 入日 | □ | 備考 |
|---|---|---|---|---|---|
| 契約3週間前 | プレカット図·見積り | | | | |
| | サッシ·アルミ庇見積り | | | | |
| | 電気工事見積り | | | | |
| | ガス見積り | | | | |
| | 地盤調査依頼 | | | | |
| | 仮設電気手配 | | | | |
| | 水道工事手配(必要あれば見積り) | | | | |
| | 基礎工事手配 | | | | 図面発注書送付 □ |
| | (解体工事手配) | | | | |
| | (地盤改良工事手配) | | | | |
| 着工10日前 | 仮設資材発注 | | | | |
| | 仮設水道接続、先行配管手配 | | | | |
| | 保険申込み | | | | |
| | 近隣挨拶 | | | | |
| 基礎工事 | 基礎GL·配置·スリーブ指示 | | | | ガス用スリーブ □ |
| | 配筋検査予約 | | | | 写真撮影 □ |
| | プレカット発注 | | | | |
| 上棟20日前 | スギ床板発注 | | | | |
| | ユニットバス発注 | | | | |
| | 屋根付加断熱材発注 | | | | |
| | サッシ·アルミ庇発注 | | | | |
| | 先行足場手配 | | | | |
| | 板金工事見積·手配 | | | | |
| | 警備員手配 | | | | |
| | バルコニー防水(SUS/FRP)手配 | | | | |

契約前から上棟までは建材メーカーや材木屋(問屋)、設備店、業者なのに発注·依頼すべきことが多岐にわたる。後々の工程に影響がでないように漏らさず連絡できるようにこのようなチェックリストの利用と確認はとても重要である。

# 上棟前後では主な設備資材を発注しておく

## 漏れを防ぐ! 発注・依頼チェックリスト2

| 発注・依頼時期 | 項目 | 発注日 | 入日 | □ | 備考 |
|---|---|---|---|---|---|
| 上棟10日前 | 土台気密シート | | | | |
| | 基礎断熱カネライト発注 | | | | 壁給気用1枚 □ |
| | 壁付加断熱発注 | | | | |
| | モイス発注 | | | | |
| | 金物類、養生シート等発注 | | | | |
| | 廃材回収手配 | | | | |
| | レッカー車手配 | | | | |
| | ホウ酸・セルロース手配 | | | | |
| | バルコン・庇金物発注 | | | | |
| | 階段材発注 | | | | |
| | イニサン発注 | | | | 大工発注書 □ |
| | 造作加工材発注 | | | | |
| 土台敷き | ホウ酸道具・柱カバー・屋起こし手配 | | | | 脚立2脚養生用 □ |
| | ユニットバス用壁断熱材発注 | | | | |
| 上棟 | 板金工事手配(連絡) | | | | |
| | 水道工事手配(内部配管) | | | | 最終図面 □ |
| | ガス工事手配(内部配管) | | | | 最終図面 □ |
| | 電気工事手配(換気口・配線) | | | | 最終図面 □ |
| 上棟翌日 | 躯体検査予約 | | | | 写真撮影 □ |
| ホウ酸後<br>サッシ納品日前 | スリッパ、キーボックス入れ | | | | 工事用キー施主へ □ |
| | 花台、バルコニーL金物 | | | | ブースターファン発注 □ |
| | システムキッチン発注 | | | | |
| | 小屋裏・吹抜けボードジョイント手配 | | | | |
| | 音配慮ドア発注(枠先行) | | | | ドア納品: |
| | 天井収納梯子発注(壁掛梯子) | | | | |
| ガルバ完了日<br>確定後 | バルコニー板、花台板発注 | | | | ビス・釘・ボルト □ |
| | バルコニー塗装手配 | | | | |
| | 電気工事手配(外部) | | | | |
| バルコニー完了<br>確定後 | 足場解体手配 | | | | 窓クリーニング手配 □ |

# 外回りの工事の後は引渡しの準備を始める

## 漏れを防ぐ！ 発注·依頼チェックリスト3

| 発注·依頼時期 | 項目 | 発注日 | 入日 | □ | 備考 |
|---|---|---|---|---|---|
| 足場解体日決定時 | 給湯器発注 | | | | 紙巻器·タオル掛け □ |
| | 給湯器取り付け·器具付け手配 | | | | |
| | 洗面化粧台発注 | | | | その他手洗い器 □ |
| | 住居表示手配 | | | | |
| 木完2～3週間前 | クロス工事手配 | | | | |
| | 電気工事手配（穴あけ、器具付け） | | | | |
| | 建具手配 | | | | |
| 木完10日前 | 塗装手配 | | | | |
| | キッチンタイル手配(目地色指示) | | | | |
| キッチン設置後 | ガス工事手配（器具等接続） | | | | |
| クロス工程確定後 | 設備（便器）発注 | | | | |
| 木工事完了 | クリーニング予約 | | | | |
| | 畳手配 | | | | |
| | 表示登記依頼 | | | | |
| | 外構最終打ち合わせ·手配 | | | | |
| クロス工事始め | 完了検査予約 | | | | 完了申請UDI □ |
| | インターホン·室内ホスクリン | | | | 床下給気口 □ |
| | 網戸手配 | | | | |
| | 廃材回収手配 | | | | |
| | 仮設撤去手配 | | | | |
| | 手摺·室内物干し取り付け | | | | 紙ヤスリ □ |
| | スクリーン打ち合わせ·手配 | | | | |
| | 植栽打ち合わせ·手配 | | | | |
| | 板塀·デッキ材など手配 | | | | 板塀塗装: |
| | 左官orタイル（玄関仕上げ）手配 | | | | |
| | エアコン手配 | | | | エアコン納品日: |
| | 見学会前クリーニング依頼 | | | | 洗濯機 □ |
| | キッチン、洗面　配管ゴム確認 | | | | |
| | 保険証券発行·ホウ酸等保証書確認 | | | | ステンレス防水 □ |
| | 電気·水道切り替え | | | | |
| | 引渡し·表札取り付け | | | | |

当社では、工事管理に慣れてくれば、着工前に大半の発注を完了させてしまう。

もちろん、発注漏れを防ぐためにこのチェックリストは当社のベテランも活用している。

# 設計者でも工事管理ができるシート

設計者が工事管理も兼務する場合、どのような人材を集めればよいのでしょうか。当社は求人の際、設計業務経験を条件に募集しています。現場監督だけの経験では、図面作成や申請業務にまでスキルを広げることはとてもハードルが高いと感じるからです。

もちろん、設計業務しか経験がない場合、工事管理や材料の発注などを一から教える必要があります。特に材料の発注は、最適な順番とタイミングで現場に納品するように手配しておかないと、工事の進行に大きく影響してしまいます。一方で、工事の流れや工事の中身を正確に把握していないと、適切な材料は納品されません。そこで、初心者でもそれなりにこなしていけるように、工事の時系列に沿って必要となる、資材と工事の発注・依頼チェックリストと定型発注書を作成しました。

また、工事管理では、施工品質の管理・確認を漏らさず行うことも重要です。これも、チェックすべき項目を時系列で一覧表化し、チェックした日付も記入するようにします。また工事管理写真も、検査用としてでなく現場管理者として、必要なタイミングで必要な箇所をチェックさせる位置づけで撮影箇所を指示しています。このような補助的なツールを使いながら、6カ月程度の教育期間と数棟の現場監督を経験することによって、設計担当者が1人で着工から引渡しまで工事管理を行う能力を身に付けられるようにしています。

# 構造や品質にかかわる重要なチェックが続く

## 漏れを防ぐ！工事管理チェックリスト1

| 時期 | 日付 | チェック内容 |
|---|---|---|
| 敷地下見 | | □排水枡・水道メーターの位置、水道の口径チェック。ブロック塀高さ・内外積みを記録 |
| | | □道路とのレベル差目視チェック→施工GL決定のこと |
| | | □生コン・ポンプ・トラック進入可能か、警備員は要るか |
| | | □上棟時にレッカー車を使えるか、電線・道幅など検討のこと |
| | | □駐車可能か状況判断、仮設トイレ位置検討←コインパーキング・月極駐車場チェック |
| 基礎 | | □配置測定・基礎外寸測定・中通り寸法測定／玄関開口幅・HDボルト位置等チェック |
| | | □根切り深さ　□天端高さ　□スラブ配筋　□人通口補強（全箇所）<br>□スリーブ補強（全箇所） |
| | | □出隅コーナー補強　□かぶり厚　□ホールダウン |
| | | □立上り枠芯ふり幅、アンカーボルト位置チェック |
| | | □打設後1日間は雨養生・枠は3日保持／冬期は4日保持、夏冬のコンクリート強度27で指示 |
| | | □基礎完了全景 |
| | | □基礎内に雨が溜まる可能性がある場合、事前にスリーブを抜いておく |
| 土台敷き | | □1階床合板の外周部はすべて仮留めのこと |
| | | □土台敷き後、シートをテント屋根形状にして雨水を基礎内に入れない |
| | | □土台全景※大工　□床下給気口加工 |
| 上棟時 | | □足場シートを張ってあるか、ヘルメット着用しているか |
| | | □作業中から柱カバーをしているか |
| | | □上棟の夜、翌日、雨の可能性があれば、壁をブルーシートで全面覆う |
| | | □野地板釘ピッチ（N50@150以下）※大工　□外周部帯金物※大工 |
| 上棟翌日 | | □土台下端シーリング　□屋根ルーフィング（立上り・重ね幅） |
| | | □上棟後、サッシが入るまで雨の可能性があれば、壁窓をシートで覆う |
| | | □基礎内が雨に濡れていれば、スポンジで吸い取るよう指示。乾くまで床をふさがない |
| | | □下地床は汚れないように養生されているか |
| | | □サッシ位置の確認 |
| | | □窓台・まぐさの位置、高さチェック、実施図天井高さと合っているか確認 |

基礎工事から上棟にかけては構造・品質・性能にかかわるチェックが中心。漏れがあると大きな不具合につながるうえに、補修コストも莫大になるので、まめに現場に顔を出して注意深く確認するようにしたい。

## 漏れを防ぐ! 工事管理チェックリスト2

| 時期 | 日付 | チェック内容 |
|---|---|---|
| 上棟後 | | □モイス釘ピッチ※大工　□モイス釘めり込み※大工 |
| | | □玄関ドア有効開口計測 |
| | | □玄関土間の基礎が出っ張っていないか　※対応を検討 |
| | | □柱金物、梁プレートの正しい設置を確認 |
| | | □小屋組全景　□床合板釘ピッチ（N75@150以下）※大工　□各金物　□内部耐力壁受け材·面材 |
| | | □基礎断熱全景※大工 |
| | | □セルロース吹込み（オーバーハング·防水バルコニー裏） |
| 防水 | | □金属（FRP）防水のサッシ立上り高さは120mm以上か、排水ドレン・オーバーフロー位置は適切か |
| | | □金属（FRP）防水下地 |
| | | □金属（FRP）防水施工後立上り寸法　□バルコニー笠木防水処理 |
| | | □透湿防水シート重ね幅 |
| サッシ設置後 | | □窓の位置·高さ／ガラス種、吊元チェック |
| | | □サッシ廻り防水テープ※大工 |
| | | □アルミ庇は図面箇所に付いているか |
| | | □バルコニー袖金物位置は正しいか |
| | | □造作庇の高さ·長さチェック。デザイン的に可か |
| | | □造作庇ルーフィング（立上り） |
| | | □サッシ廻り胴縁　□各スリーブシーリング |
| | | □ユニットバス断熱材・防湿シート※大工　□ユニットバス石膏ボード※大工 |
| 設備 | | □天井懐内で給排水管ルートは確保できるか。立上げ位置を確認のこと |
| | | □給排水の立上げ位置·ガス出し位置を指示 |
| | | □ユニットバス換気口アケ、エアコンスリーブ・給気口高さチェック |
| | | □ユニットバスは仕様書どおりの内容のものが設置されているか |
| | | □スイッチ·コンセント·照明器具位置を下地の段階でチェック |
| | | □給湯リモコン位置は正しいか、キッチン給気口は引き出しに当たらないか |
| | | □電気·ガスメーター位置確認 |
| 板金 | | □屋根·造作庇板金全景 |
| | | □サッシ廻り水切 |
| | | □重ねはきれいか、窓と窓の隙間にも小波を張っているか |
| | | □すり傷·へこみ·ビスの抜けはないか |
| | | □シーリングはきれいに打ってあるか |
| | | □竪樋の落とし位置を指示 |
| | | □各スリーブシーリング |
| | | □足場バラシ直前に傷へこみがないかチェック |

# 見た目に影響する下地の品質管理を入念に

## 漏れを防ぐ！工事管理チェックリスト3

| 時期 | 日付 | チェック内容 |
|---|---|---|
| 木工事 | | □床板の節状況確認と、張る方向を指示する |
| | | □各種納まりを事前に考え、指示する |
| | | □断熱材の入れ方は正しいか、防湿シートを床板下と小屋裏の壁にも張っているか |
| | | □断熱の未充填、隙間はないか。サッシ上隙間要チェック←スタイロおよびウレタンフォームで充填 |
| | | □断熱材·防湿シート　□妻壁断熱材·防湿シート |
| | | □石膏ボード（胴差·桁まで）　□妻壁石膏ボード※大工 |
| | | □洗面耐水ボード |
| | | □クロス窓巻き込み下地は平らか、天井高さはよいか、壁シナベニヤ部分指示 |
| | | □展開図との照合－家具·棚 |
| | | □建具用の枠、吊りレール、Vレール位置、袖壁長さは適正か |
| | | □玄関土間をスッキリ納まるよう指示 |
| | | □バルコニーの塗装色にムラがないか、ノリはよいか |
| | | □軒裏はV目地になっているか |
| | | □物干し金物の高さ·位置はよいか、下地は入れてあるか。 |
| | | □ホスクリンやスクリーン用の天井下地　必要であれば写真□ |
| | | □建築主要望の壁下地 |
| | | □天井収納梯子の縁は指示どおりか、折り畳み足長さカットを指示のこと |
| | | □カウンターに配線孔はあいているか |
| | | □出隅コーナーガードの取付箇所を指示 |
| 仕上げ | | □タイル割りを指示（キッチン·床） |
| | | □洗面·その他シーリングを指示·チェック |
| | | □すべてのスイッチの照明点灯確認 |
| | | □キッチン·トイレ換気扇の異常音はないか、便器に当たらないか |
| | | □建具の開閉、スムーズさ、建てつけ、納まり、戸当り要否チェック |
| | | □散水ボックス位置指示 |
| | | □水道メーター·排水枡高さを外構工事と調整後指示 |
| | | □駐車場の高さレベル指示 |
| | | □基礎塗りの要否、範囲（屋内外）判断 |
| | | □玄関板張り手配·板塀高さ決定 |
| | | □植栽位置·樹種打ち合わせ決定←手配 |
| | | □総合的にダメ直しチェック（サッシ·木部傷、クロス剥がれ、網戸中桟）←手直し |
| | | □キッチン·洗面排水管※東屋 |
| | | □見学会および引渡し前清掃（屋内外と庭ガラ回収）、家具搬入 |
| | | □引渡し書類ファイル作成·電気水道切り替え連絡　表札取り付け |

# 全工事期間の日々工程表を着工前に作成

担当者は着工前に全工事期間の日々工事カレンダーを作成します。これは、その日にやる工事を、「ひな型」を元に事前に日付カレンダーに記入した簡単なものですが、5～6カ月先の工事予定まで決めることに意味があります。途中で、日程や手順が多少ずれてしまうかも知れませんが、事前に計画を立てることで、人の動きや時間を把握・誘導することができます。熟練してくると精度が高まり、数カ月先の計画でもほぼその日程どおりに工事が進みます。

現場施工で効率を高めるためには、同じ手順と仕様で、途切れることなく同じペースで作業を継続することが鉄則。立て板に水を流すような現場進行が理想です。それは結果的に建築コストを下げることにもつながります。

| 1月 | | | 2月 | | |
|---|---|---|---|---|---|
| | | | 1 | 〃 | |
| 2 | | | 2 | | |
| 3 | | | 3 | | エアコン |
| 4 | | | 4 | 板塀材 | エアコン |
| 5 | | | 5 | 板塀塗装 | |
| 6 | クロス | 土留めCB | 6 | 板塀 | |
| 7 | 〃 | 土留めCB | 7 | 板塀 | |
| 8 | 〃 | | 8 | | |
| 9 | 〃 | | 9 | | |
| 10 | 〃 | | 10 | 左官 | |
| 11 | 〃 | | 11 | 左官 | |
| 12 | | | 12 | 植栽 | |
| 13 | 〃 | | 13 | | |
| 14 | 〃 | | 14 | | |
| 15 | 〃 | | 15 | 見学会 | |
| 16 | 器具付け | | 16 | 見学会 | |
| 17 | 器具付け | | 17 | | |
| 18 | 器具付け | | 18 | | |
| 19 | | | 19 | | |
| 20 | クリーニング | | 20 | | |
| 21 | 網戸·畳 | 完了検査 | 21 | | |
| 22 | | | 22 | | |
| 23 | 外構 | | 23 | 引渡し | |
| 24 | 〃 | | 24 | | |
| 25 | 〃 | | 25 | | |
| 26 | | | 26 | | |
| 27 | 〃 | | 27 | | |
| 28 | 〃 | | 28 | | |
| 29 | 〃 | | 29 | | |
| 30 | 〃 | | | | |
| 31 | 〃 | | | | |

# 約6ヶ月分の工程を先に決めてしまう

## 日々工程表

| 8月 | | | 9月 | | | 10月 | | | 11月 | | | 12月 | | |
|---|---|---|---|---|---|---|---|---|---|---|---|---|---|---|
| 1 | | | 1 | | | 1 | モイス | | 1 | 〃 | | 1 | | |
| 2 | | | 2 | 鉄筋 | | 2 | 間柱·金物付け | | 2 | 〃 | | 2 | 造作家具 | |
| 3 | | | 3 | 鉄筋 | | 3 | 間柱·金物付け | | 3 | | | 3 | 〃 | |
| 4 | | | 4 | | | 4 | 間柱·金物付け | | 4 | 断熱·下地 | | 4 | 〃 | |
| 5 | | | 5 | 配筋検査 | | 5 | 窓台·まぐさ | 屋根板金 | 5 | 〃 | | 5 | 〃 | |
| 6 | | | 6 | 耐圧盤打設 | | 6 | | | 6 | 〃 | | 6 | 〃 | |
| 7 | | | 7 | | | 7 | | | 7 | 〃 | | 7 | 〃 | |
| 8 | | | 8 | | | 8 | ホウ酸 | | 8 | 〃 | | 8 | | |
| 9 | | | 9 | | | 9 | 屋根断熱 | | 9 | 〃 | | 9 | 〃 | |
| 10 | | | 10 | 立上り打設 | | 10 | 基礎断熱 | | 10 | | | 10 | 〃 | |
| 11 | | | 11 | 〃 | | 11 | サッシ | サッシ納品 | 11 | 〃 | 床板·造作材·UB断熱納品 | 11 | 〃 | |
| 12 | | | 12 | 〃 | | 12 | 床締等 | | 12 | 〃 | | 12 | 〃 | |
| 13 | | | 13 | 〃 | | 13 | | | 13 | 〃 | | 13 | 〃 | |
| 14 | | | 14 | 枠バラシ | | 14 | | 床下配管 | 14 | 〃 | | 14 | 〃 | |
| 15 | | | 15 | | | 15 | サッシ | | 15 | 〃 | | 15 | | |
| 16 | | | 16 | デッキコン | | 16 | | 建方抜け | 16 | 〃 | | 16 | キッチン設置 | |
| 17 | | | 17 | | | 17 | サッシ | | 17 | | | 17 | | |
| 18 | | | 18 | | | 18 | 外部 | 床板·造作材·UB断熱納品 | 18 | 〃 | | 18 | | 内部 |
| 19 | 地盤調査 | | 19 | | | 19 | 外部 | 床板バラシ | 19 | 〃 | | 19 | | |
| 20 | | | 20 | | | 20 | | | 20 | 〃 | | 20 | | |
| 21 | | | 21 | 足場 | | 21 | 外部 | | 21 | 〃 | | 21 | 木完 | |
| 22 | | | 22 | | | 22 | 造作庇 | | 22 | 〃 | | 22 | | |
| 23 | | | 23 | | | 23 | 造作庇 | UB施工 | 23 | 〃 | | 23 | 塗装 | 濡れデッ |
| 24 | | | 24 | 土台 | | 24 | 床張り | | 24 | | | 24 | タイル | |
| 25 | | | 25 | 土台 | | 25 | 〃 | | 25 | 〃 | | 25 | タイル | |
| 26 | 先行配管 | | 26 | | さんりんぼう | 26 | 〃 | | 26 | 〃 | | 26 | 建具 | |
| 27 | 先行配管 | | 27 | 上棟 | | 27 | | | 27 | 〃 | | 27 | 建具 | |
| 28 | 遣り方 | | 28 | モイス | | 28 | 〃 | | 28 | 〃 | | 28 | クロス | |
| 29 | 根切り | | 29 | | | 29 | 〃 | | 29 | 〃 | | 29 | | |
| 30 | 捨てコン | | 30 | モイス | | 30 | 〃 | | 30 | 〃 | | 30 | | |
| 31 | 鉄筋 | | | | | 31 | 〃 | | | | | 31 | | |

この工程表は、着工前に5～6カ月先の工事予定をとにかくすべて埋めるのがミソ。全工程を漏れなく埋めることで、工事の進行のシミュレーションや工事内容の把握ができ、工期も読めるようになってくる。

# 工事管理で発生する雑用を省く

仕事を効率的に進められれば生産性は高まるのですが、個人の能力を一律に上げることは不可能です。そこで考えたのが「成果を達成するのにかかる仕事の総量を減らす」ことです。これができれば、誰がやっても、結果的に生産性が向上することになります。やるべき仕事の量が少なければ早く終わるのは当然です。この当たり前のことへと筋道を付けることが、「超《スーパー》コスパ」実現の成否を分けます。そのためには「やらないこと」を洗い出し、大胆にやめるか、省略することを検討します。施工現場には煩雑な仕事や雑用が多数存在します。また、それらは誰が責任をもって遂行するのか、ということを明確にできない部分もあります。したがって多くの場合、それらのつじつま合わせをしているのが現場監督ということになります。

当社では、設計者が現場監督も兼任するため、雑用をしている余裕はありませんし、付加価値の低い業務に時間をとられていては「超《スーパー》コスパ」な働き方を実現できません。現場監督の判断を必要としないレベルの業務連絡や資材の発注であれば大工や職人が請け負い、現場監督の手間を省きます。現場の安全管理においても、強風時の足場シートの対応などを大工に委託しています。同様に現場監督が担当しがちな現場の片づけ・清掃などは、クリーニング業者や産廃業者、時には便利屋さんを活用します。多少コストアップとなっても、社員がより付加価値の高い業務に集中することができるように仕事環境を整えています。

# 発注書の書き方もひな型を使って効率重視で

## 定型発注書の例

発 注 書

（株）ヒトツバシ　御中

ウッドシップ株式会社
小平市学園西町2-15-8
TEL:042（409）8801
FAX:042（409）8802
担当

現場名：
所在地：

| 発注内容 | 詳細 | 発注内容 | 詳細 | 数量 | 期日 | 納品先 |
|---|---|---|---|---|---|---|
| スギ床板 | 15×137×3,650 上小節<br>立川木材（株） | | 梱 | | | 現場 |

送付資料

発注書（本紙）　1枚
案内図　1枚

## 発注書の横に記された注意事項

メール→電話

ほかの発注書とは、分けて件名別にしてメールしてください。

納品日が違うのに一緒に入ってきたり、
どちらかが漏れたりしてしまうことが過去にありました。

萩山さん：090-1234-56XX

数量計算方法

1梱…6枚入り
※プラス玄関敷台分も忘れずに拾う
※プラス1梱（悪い材が多すぎて使えない場合もあるため）

幅137しかないので拾い注意!!

過去のトラブルなどの実例と対処法を示しておくことで、トラブルを未然に防げる

すべての業者の発注書のひな型が用意されている。担当者は詳細情報を書き込むだけでよい

過去に納品された材料の品質や梱包内容、対応策などを示している

# 現場の神事はやらない

地鎮祭は建築主自らで行うことを推奨しています。地鎮祭は土日に行われることも多く、社員にとっての負担感は大きいものです。そもそも地鎮祭は、家を建てる人がその土地にいる守護神を祀る行為なので、必ずしも関係者を集めて行う必要はありません。建て主に簡単なお清めのやり方をお伝えすることで、自前でやることに対するハードルが下がり、結果的に多くの建て主にご家族だけで地鎮祭を実践してもらっています。

上棟式も一律に行いません。上棟中は建物を雨に濡らさないことを第一にしているので、少しでも雨予報があれば前日に作業中止を指示します。そうなると、上棟式を行うために事前に用意した弁当や生ものが無駄となってしまうので、建て主にはそのように説明して納得してもらっています。

引渡しでも特段セレモニーは行いません。引渡しは平日に行います。最終金の支払いは銀行ローンを利用される方が多いので、銀行の営業日＝平日の午前中に入金していただき、午後に新居で鍵の引渡しをする流れ。当日は担当者が実務的な説明を30分程度行い、帰社後はまた淡々と仕事を進めます。

建て主が行う地鎮祭の例

# 女性の活躍が業務効率化を早める

女性社員が結婚・出産などをする際は、できる限り働き続けてもらうほうが業務上望ましいのですが、家庭の事情などによっては、雇用形態を変更しての時短勤務やパート勤務となってしまう場合もあります。

その場合は、設計アシスタントとしてできる範囲内で活躍してもらえるようにしています。引渡しの直前など設計担当者が多忙な時期も多く、実施図面を進められないこともあります。そのようなとき、担当者の指示に基づいてアシスタントがCADオペレーションを代行すれば、設計の遅れを防ぐことができます。また、耐震等級の計算や確認申請も専用ソフトなどを使えば比較的簡単に作業できるので、状況に応じて代行できるようにしておくと合理的です。

このように、業務の密度や難易度に合わせて社内の人材を柔軟に融通していくことで、設計や工事をスムーズに進めていくことが可能になります。

社員や時短社員、パート社員などの仕事を適切に配分し、最小の人数で最大の成果を上げることによって、給料アップ+残業ゼロでも、「超《スーパー》コスパのいい家」の提供と一定の利益を両立しながら工務店を運営できます。

パートさんは設計アシスタントとして広範囲の業務を行う

# 上棟もアウトソーシング

注文住宅であっても、現場施工のスピードアップ・効率化は、大工・職人任せにしていては「超《スーパー》コスパ」は達成できません。設計担当者が設定した住宅性能や仕様、デザイン性を実現するために、現場における最善の手順を常に考えることが重要です。

住宅工事の要である大工工事においても、生産性を高めるには付加価値の高い作業内容（たとえば、図面などを見ながら木を切ったり削ったり組み合わせたりするなど）の比率を高めることが必要です。技術をあまり必要としない作業や、社員の人件費と比較してより安い費用で代替できる作業、専門性が高く、補償などが発生する可能性のある断熱工事のような作業は、積極的にアウトソーシングします。

また当社では、上棟（建方）は外部の専門業者に依頼しています。上棟は柱や梁を組み立てる木造工事のハイライトともいえる工事ですが、一度に大人数が必要になるため、月2棟上棟すると、各現場にいる大工がその都度持ち場を離れなくてはならないため、上棟に丸1日費やすとすると年間で24日分の木工事が遅れてしまいます。

そもそも上棟のアウトソーシングは、分譲地などで安価な住宅を大量に供給しているパワービルダーが先行して行っており、専門業者も多数存在します。当社もその仕組みを積極的に取り入れています。

# 大工さんには要点を分かりやすく伝えるシートを

## 木工事の注意点

### 養生編

- □ 土台および床パネルを濡らさず、シートで棟をつくって覆う
- □ 土台外周部はシーリングを打つ
- □ 化粧柱は上棟時よりカバーする
- □ サッシ設置まで雨の可能性がある場合は外周をシートで覆う
- □ 枠材·床材が傷付かないよう適宜養生する
- □ 窓·玄関の施錠を忘れぬこと。雨注意
- □ 台風強風対策として、足場シート巻き、資材·屋根材·シートを固定する

### 断熱編

- □ 基礎断熱板に足跡をつけないように
- □ 小屋裏の壁グラスウールも気密シートでふさぐ
- □ 窓まぐさと梁の100㎜以下の隙間は、
  スタイロまたはウレタンフォームで断熱のこと
- □ 壁の気密シートは床板で10㎝は押さえること

### 木工事編

- □ モイス釘打ちピッチ@100と@75の2種類を間違えないこと
- □ 壁防水シートは、サッシからの漏水が発生しないよう注意して張る
- □ 窓台には、事前に防水紙を敷いてからサッシを入れる
- □ 窓廻りの上下胴縁は、サッシにピッタリつけて打つ
- □ UB、小屋裏の外周部も石膏ボードを張る（デッドスペースは9.5㎜でも可）
- □ 集成カウンター机にはφ40程度の、配線用孔をあける
- □ 階段手摺をクロス張りの後設置に行く
- □ 各写真撮影（製本等で邸名を入れること）

### 清掃編

- □ 木完時、余った使える建材は軽トラにて当社現場に移送のこと
- □ 木完時の清掃は、掃除機もかけること。残材はすべて廃棄のこと

# 大工ができることは大工に任せる

現場の工事を段取りよく進めることは、何より工事の生産性を高めることにつながります。したがって、ジャストインタイムで資材や指示を現場に入れることが肝要です。当社では、石膏ボードや断熱材など細かな資材は、現場監督ではなく、大工自身が数量を拾って、指定の納入業者に発注連絡してもらうようにしています。

もちろん、通常の工事がそうであるように、現場監督も資材を拾い、発注できるのですが、実際に工事を行う大工や職人が数量を拾うほうがより正確で、残材が出ません。当然、担当者の業務も大幅に軽減されます。

正しく工事が行われているかを撮影する工事写真も、大工やその他の職人に撮影してもらいます。この業務も、本来であれば現場監督の仕事です。当社の場合は、設計者が工事管理を兼ねるうえ、複数の現場をかけ持ちしているため、1つの現場に張り付くことはできません。また、撮影のためだけに1人の人間を長時間張り付かせるのは付加価値の高い業務とはいえません。当然、大工・職人らには報酬を別途追加したうえで撮影を依頼しますが、担当者の業務が軽減されるだけでなく、大工自身が工事を行う当事者なので、要点を押さえて事細かな作業や部位を漏らさず撮ってもらえますし、大工自らの施工品質の確認、施工精度の向上につながっているようです。

# 資材発注書で大工に資材の拾いと発注を任せる

## 大工に渡す資材発注書

**資材発注先**（大工用）

不足分·不具合は直発注して下さい

| 項目 | 業者名 | 連絡先 | 担当 | 詳細 |
|---|---|---|---|---|
| 建材 | 田無 | 090-0000-0000 | | イニサン・少量のボード・ランバー・少量の合板など・通気胴縁 |
| | ヒトツバシ | 090-0000-0000 | 小山 | 框枠材、内部造作材 |
| | ハギヤマ | 090-0000-0000 | 木村 | ランバー・シナベニア・集成カウンター |
| | 武蔵資材 | 090-0000-0000 | 片岡 | 金物・ボンド、気密シート、養生板、ハンガーパイプ・棚レール・ボード |
| | 府中 | 090-0000-0000 | 佐々木 | グラスウール（ハウスロン） |
| | ヤマト | 090-0000-0000 | 資材センター | モイス・カネライト・ボード・シナベニヤ（塗装品）・スギ床板 |
| | ヤマト | 090-0000-0000 | 程山 | UB、キッチン、洗面化粧台、給湯器 |
| サッシ | 立川サッシ | 090-0000-0000 | 山根 | LIXIL |
| サッシ | 久留米アルミ | 090-0000-0000 | 卯月 | 三協アルミ |
| サッシ | | | | YKK AP |
| 板金 | 大和鋼商 | 090-0000-0000 | 石崎 | |
| | 小平功 | 090-0000-0000 | 松木 | |
| 吊りレール | 村山 | 090-0000-0000 | 清田 | |
| | 小金井塗装 | 090-0000-0000 | 山内 | バルコニー板塗装 |
| | 小平電設 | 090-0000-0000 | 小松 | |
| 水道担当 | 国立設備 | 090-0000-0000 | 中野 | |
| | 立川水道 | 090-0000-0000 | 山口 | |
| ガス | 立川ライフ | 090-0000-0000 | 相沢 | |
| ガス | 国分寺ガス | 090-0000-0000 | | |
| | 立川タイル | 090-0000-0000 | | |
| | 国立タイル | 090-0000-0000 | | |

大工や職人に渡す資材発注先のリスト。細かな資材の発注を任せることで、納品の遅れや材料の無駄が少なくなった

現場写真の撮影こそ大工に頼むべき

## 写真撮影チェックリストの例

土台全景

UB石膏ボード

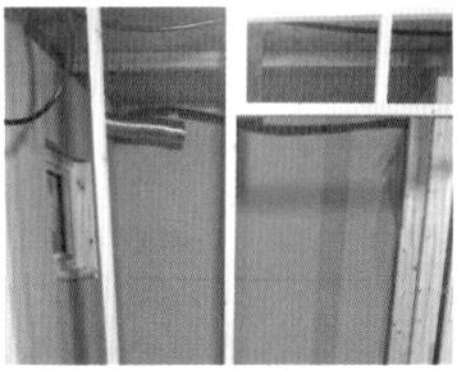

外周部帯金物

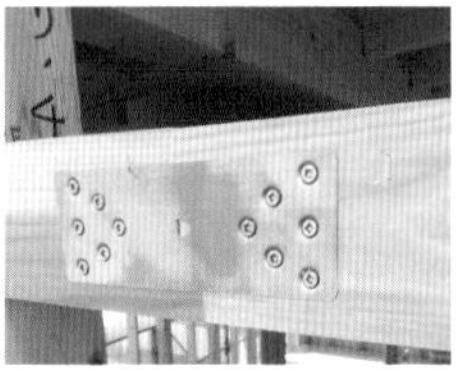

サッシ廻り防水テープ

モイス全景

モイス釘ピッチ

モイス釘めりこみ ※1mm未満

UB断熱材 ※引きで

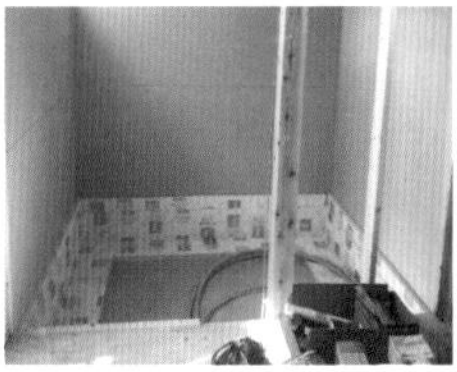

野地板釘ピッチ（N50@150以下）

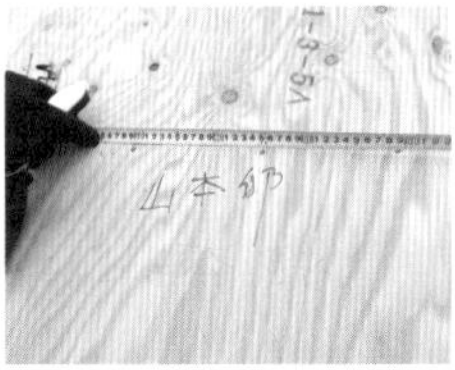

床合板釘ピッチ
（5倍床あれば別途5倍床）

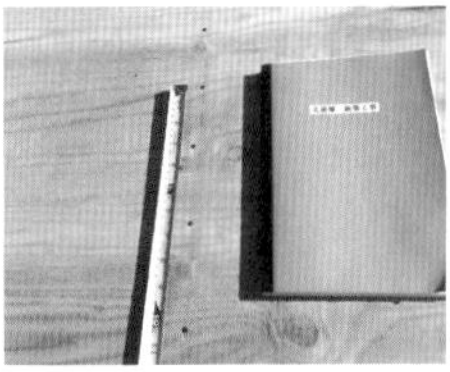

基礎断熱全景
（分割でも可）

小屋裏ボード隠れるところ
（石膏ボード）

第 **8** 章

# 設計の「標準化」がなぜ超コスパにつながるのか

# 標準仕様を決めることの重要性

自社でつくる家の設計や仕様が、つくる家ごとにバラバラでは、「超《スーパー》コスパのいい家」は実現できません。標準仕様（使用する材料や各性能値の固定など）や設計ルール（寸法やディテールなど）を定め、それに基づいて繰り返しつくり続けることで、生産スピードが上がり、部材調達コストも下がり、さらに小さな改善が積み重なって、初めて、「超《スーパー》コスパのいい家」が完成します。

まずは、超《スーパー》コスパのいい家の標準仕様を決めることが重要です。これについては、2章でも説明しましたが、デザインから性能まで一定以上のハイレベルなものにするべきだと考えます。理由は、超《スーパー》コスパのいい家は注文住宅を購入する層や家にこだわりをもっている層をお客としたいこと、やや高価な注文住宅が競争相手になるため、比較的コスト削減を突き詰めやすく、価格面でも差別化しやすいことなどです。また一度決めた標準仕様は安易に変更せず数年にわたって継続し、あらゆる業務において突き詰めていく必要があるため、お客に「物足りない」「つまらない」と思われないよう、数年先を見据えた一歩先を行くハイレベルな仕様でなくてはなりません。

左の表に標準仕様として決めるべきものを列挙しましたが、特に建物の軀体や内部にかかわる構造・断熱・防火性能などは、法律などの変更も多い部分なので、先を見据えたハイレベルな仕様にこだわりたいところです。

# 性能・仕上げの標準仕様は一定以上のハイレベルなものに

### 事前に決めるべき標準仕様

| | 決めるべき仕様 | 具体例 |
|---|---|---|
| 断熱仕様 | 想定する断熱性能とそれを達成するための断熱材の種類・部位・厚さ、窓・玄関ドアの製品、換気設備 | UA値=0.46<br>壁:高性能グラスウール24K105㎜厚など<br>窓:樹脂サッシ+アルゴンガス入りLow-Eペアガラス |
| 構造仕様 | 想定する構造性能とそれを達成するための構造計画、構造材・構造用面材・構造金物の製品・配置など | 耐震等級3(品確法にもとづく)<br>構造用面材:モイス、構造用合板など |
| 防耐火仕様 | 想定する防耐火性能とそれを達成するための防耐火材の製品・配置・納まりなど | 防火窓:防火樹脂サッシ |
| 防水仕様 | 想定する防水性能とそれを達成するための防耐火材の製品・配置・納まりなど | バルコニー防水:ステンレス鋼板工法(30年保証付き)など |
| 防蟻仕様 | 想定する防蟻性能とそれを達成するための防耐火材の製品・配置・納まりなど | 構造材はすべてホウ酸処理(15年保証付き) |
| 内外装仕様 | 想定するデザイン・性能・機能とそれを達成するための材料(商品)・仕上げ方・納まり | 床:スギ材(上小節)などの無垢材<br>天井・壁:消臭機能性クロスなど<br>屋根・外壁:ガルバリウム鋼板(高防錆性・高耐久性) |
| 住宅設備 | 各メーカーと事前交渉し、適正な仕様・価格を決定 | システムキッチン、ユニットバス、洗面化粧台、便器、給湯器など |

仕様はコストに直結するので、想定する価格に合わせて慎重に選択することが重要だ。ただし、施工方法や納まりなどによっては工事の作業を短縮できる場合もあるので、材工含めて総合的に判断したい。

# 耐震等級3を超《スーパー》コスパで実現する

超《スーパー》コスパのいい家の耐震性能は、すべて品確法の耐震等級3としています。耐震等級3を達成する住宅は少しずつ増えてきていますが、地域工務店レベルではまだ少数派です。一方で、耐震性能の高さがお客に訴求する力は強く、その価値を丁寧に説明すれば他社との十分な差別化要素になります。また、いったん設計・施工の手順や手法を確立してしまえば、さほど時間や費用をかけなくても耐震等級3は達成できるため、すぐに取り組みたい仕様といえます。

耐震等級3を標準仕様にするのであれば、構造計算を社内の設計者が行うことが必須です。プランニングと一体で構造のチェックを行わないと、お客に耐震等級3を満たさないプランを提案してしまい、後々のトラブルに発展してしまいます。また、設計者が自分で構造チェックを行わないと、構造設計に対する知識や、耐震等級3を達成する際のプランニングのノウハウが蓄積されず、設計の省力化・合理化も進みません。

構造のチェックには専用の構造計算ソフトを使い、プランニングの都度行います。許容応力度計算による検証は、品確法の耐震計算でNGとなった案件や、施工実績のある構造から外れた案件の検証に限定して行うのがよいでしょう。自社の標準仕様の屋根材・壁材の重量が、品確法性能表示で想定されている荷重よりはるかに軽い場合は、詳細計算を経なくても、十分な安全余力が見込まれると考えます。

木造住宅こそきちんと構造計算する

## 耐震等級の概要

| | 概要 | 建築基準法との比較 | 大地震後の居住 |
|---|---|---|---|
| 耐震等級1 | 数百年に一度程度の地震(震度6強〜7程度=阪神・淡路大震災や2016年4月に発生した熊本地震クラスの揺れ)に対しても倒壊や崩壊しない | 同等 | 損傷の程度によっては建替えの必要あり |
| 耐震等級2 | 病院や学校などと同等レベルの匹敵 | 1.25倍(長期優良住宅の基準) | 補修により居住可能 |
| 耐震等級3 | 警察署や消防署などと同等レベルの耐震性 | 1.5倍 | 軽微な補修により居住可能 |

法律上は耐震等級1でなんら問題ないが、万が一の地震の時の被害や不動産としての損失を考えれば耐震等級3が最も「コスパがいい」といえる。

## 主な木造住宅の構造計算の検討内容

| | 許容応力度計算 | 性能表示計算 | 仕様規定 |
|---|---|---|---|
| 壁量計算 | ○ | ○ | ○ |
| 壁バランス | ○ | ○ | ○ |
| 水平構面 | ○ | ○ | × |
| 柱の座屈 | ○ | ○ | × |
| 接合部の検討 | ○ | ○ | ○ |
| 横架材の検討 | ○ | × | × |
| 基礎の設計 | ○ | × | × |
| 耐震等級3への対応 | ○ | ○ | × |

最も厳密な構造計算方法である許容応力度計算であるが、構造計算ソフトの普及で比較的容易に導入できるようになってきている。

# 耐力壁には構造用面材を使う

耐震等級3を標準仕様とする際に欠かせないのが、耐力壁に構造用面材を使うことです。構造用面材は、接合する柱の柱頭・柱脚部に発生する引抜き力が小さく、壁倍率を最大値の5倍まで高めることができます。また、開口部の数をそれほど制限しなくても壁量を確保することができるため、プランの自由度がかなり高くなります。もちろん、筋かいは材料自体のコストは安いのですが、接合する柱の柱頭・柱脚に発生する引抜き力が大きく、強力なホールダウン金物を必要とします。さらに角柱などは最大N値が規定をオーバーしてしまうことも多いため、角柱周囲の壁倍率を下げてほかの箇所で耐力壁を確保しなくてはなりません。構造用面材には、数多くの製品が存在しますが、できるだけ特定の製品に固定するほうが望ましいでしょう。特定の製品を継続して使用することで、構造計算の入力も短縮され、現場施工もスムーズになります。

柱頭・柱脚金物などは少し耐力強度が大きめのものを使えば、現場で使用する金物の種類を減らせ、結果的に大工が金物を選ぶ手間を軽減できます。当社ではN値記号(い)(ろ)の金物を、それらより耐力強度の大きい(は)の金物で代用し(い)(ろ)(は)の金物を1種類に統一しています。ホールダウン金物もビス留め仕様のものに統一して、作業の効率化を図りました。このように一つひとつの手間の削減は小さなものですが、工事全体で考えると結構な手間の削減になります。

# 構造部材も作業効率化の視点で選ぶ

ホールダウン金物もほかの作業でも頻繁に使うビス留め仕様のものに統一して、作業が滞らないようにしている

当社では仕入れ先の価格、営業エリアの防火地域などを総合的に判断して構造用面材にモイスを使用

耐力強度の大きいはの金物に統一することで、材料費は若干かかるものの、作業手間を大幅に削減できた

耐力の低いホールダウンに代わるコーナープレート

# 100万円増でも高い断熱性能は必須

居住性に直結する断熱性能は、構造性能と比べ顧客満足度やOB客からの紹介率、口コミの評価によりつながりやすい要素です。また、近年の夏の暑さや、冬場のヒートショックによる死亡者数の増加などがメディアに頻繁に取り上げられることもあり、住宅の断熱強化への要望は高まっています。

超《スーパー》コスパのいい家の断熱性能は、HEAT20 G2を標準としています。品確法の断熱等級4つまり省エネ基準を達成する住宅は新築住宅の8割を超えるともいわれ、今や当たり前となってきていますが、上位の基準であるHEAT20 G2はまだこれからといったところで、十分に差別化の材料となります。

ただし、構造強化と比べて断熱強化は数十万〜100万円台の範囲で明確にコストアップしてしまうので、仕様の設定は慎重に検討する必要があります。当社の営業エリアは東京なので、省エネ基準の地域区分は6になります。地域区分6でHEAT20 G2を達成しようとすると、開口部は樹脂サッシ+アルゴンガス入りLow-Eペアガラス（大開口はトリプルガラスに変更）、屋根断熱はセルロースファイバー180㎜厚、壁は高性能グラスウール24K105㎜厚、基礎は立上りにフェノールフォーム50㎜厚という仕様になります。省エネ基準からはおおよそ100万円増というイメージでしょうか。

# サッシと屋根の性能強化で家全体の断熱性能を稼ぐ

## 超コスパのいい家の断熱関連の標準仕様

| | 仕様・製品 | 性能値 |
|---|---|---|
| 屋根断熱 | セルロースファイバー180㎜厚吹込み | 熱抵抗値:R=4.8 |
| 壁断熱 | 高性能グラスウール24K105㎜厚 | 熱抵抗値:R=3.0 |
| 基礎断熱 | フェノールフォーム3種b50㎜厚 | 熱抵抗値:R=2.5 |
| 換気 | 第3種換気+第1種換気 | |
| 窓 | 樹脂サッシ「エルスターS」(LIXIL) | 熱貫流率:$U_A$値=1.30 |
| 玄関ドア | 断熱ドア「グランデル」(LIXIL) | 熱貫流率:U値=1.55 |

Low-Eガラス入りの樹脂サッシにしていることが最大のポイント。窓が熱の逃げ道になるので、この部分の断熱性能を強化することである程度のレベルまで性能を上げることができる。

壁の内側には通常のものより断熱性能に優れる高性能グラスウールを充填。上から気密のためのポリエチレンシートを張っている

浴室廻りの基礎断熱の施工の様子。基礎断熱は基礎立ち上がりの内側部分にフェノールフォームを施工

# 断熱性能に直結する施工精度

断熱性能に関しては、誤った施工をしないようにしっかり学習しましょう。せっかく高い断熱仕様を標準としても正しい施工を行わないと、十分な性能が発揮されないばかりか結露やカビの繁殖を呼び、欠陥住宅となってしまいます。

また、施工精度が性能に最も直結するのは気密工事です。換気設備などで管理されていない空気の出入り（漏気）を抑えることは省エネ性能を高めるために重要な対策です。ただし、耐震性能のところで説明したように、構造用面材を使うことと基礎断熱とすることで気密性能は格段に向上します。あとは貫通する配管・配線、窓や給排気口の周囲をしっかりと気密処理すれば問題ありません。屋根は垂木の跳ね出しを避けるような納まりにすれば、外壁との取合いに発生する隙間をなくすことができます。

当社では屋根断熱を標準仕様としています。狭小住宅が中心で、小屋裏収納の設置の要望が多いことによります。ただし、屋根断熱では見上げの作業が多く、形状も複雑なため、壁などに比べてかなりの手間がかかります。作業しにくいことから、施工精度そのものにも不安が生じます。したがって、当社では専門工事業者によるセルロースファイバーの吹込み工法を採用しています。費用は増えてしまいますが、断熱性能が確実に担保されるうえ、大工の手間の軽減にもつながるので、総合的に判断してメリットがあると考えました。

## 断熱性能は施工品質に左右される

外側から見た取り付け直後のサッシ。周囲の透湿防水シートとサッシのつばに隙間ができないように施工することが重要

サッシの周囲は断熱・気密・防水の重要ポイント。内側から見たサッシ下側に外側の透湿防水シートが見える

屋根面のセルロースファイバー施工の様子。屋根の断熱施工は大工の負担が大きいので、専門業者に依頼している

外壁を貫通する塩ビ配管。配管の周囲には隙間ができるので、発泡ウレタンや気密テープなどでしっかりと埋める

# 内外装の仕上げ材を絞り込む意義

内装仕上げ材は選択肢が無数にあるうえ、お客の好みも千差万別なため、標準仕様化はお客の選択を狭めることになり、かなりのリスクを伴います。一方で、内装仕上げ材はなかなか決まらない部分でもあり、お客・工務店の双方で多くの時間や労力を費やしてしまいがちです。また、工事に入ったらその都度異なる材料を発注し、施工する必要があるため、効率化によるコスト削減は難しいものです。したがって当社では、内装仕上げ材は使用する材料を決めています。

床材はスギの無垢材としました。スギは、足触りがよく、冬は温かく、夏はサラっとした感触が得られます。無垢材の床材のなかでは安価な部類に入りますし、入手も極めて容易です。幅広いお客に受け入れられるよう、無節のものを使うようにしています。そのほかの材料も無垢材もしくは自然素材の風合いのあるものを選んでいます。

屋根材、外壁材はともにガルバリウム鋼板を使っています。長所は経年変化がなく、メンテナンスフリーであること。特にOB客訪問などで竣工時とさほど変わらない状態をお客に見てもらうとかなり説得力があります。また、屋根材と外壁材を同じ材料にすることで、同じ職人が同じ納まりを繰り返し行うことになるので、施工精度の向上や工期短縮、施工管理の負担軽減にもつながります。納まりも流用するため、図面作成も省力化できます。

# 無垢材を多用して、量産型住宅と差別化

## 超コスパのいい家の内装の標準仕様

| 部位 | 仕様 | 補足 |
|---|---|---|
| 床 | 杉の無垢板節少々厚み15㎜厚 | 柔らかい歩行感。水洗いで汚れが落とせる |
| 壁 | 空気を洗う壁紙 | 消臭機能あり |
| 天井 | 空気を洗う壁紙 | 消臭機能あり |
| 窓枠 | 大工造作無垢材 | |
| ドア枠 | 大工造作無垢材 | |
| ドア | オーダー製作 | 枠やレールが目立たない |
| 階段 | 大工造作無垢板 | 節のない高級スギ材 |
| 手摺 | 無垢材 | オリジナル製作品 |
| キッチン壁 | タイル | 希望のタイルを適宜選択可能 |
| 洗面所壁 | 撥水クロス | 水や湿気に強い |
| 玄関土間 | セメントモルタルに防汚塗装 | 汚れにくく、年を経るごと風合いが増す |

室内の手摺は無垢の木材をつかったオリジナルの製作品を採用している

無節のスギは、見た目がきれいなうえ、吸放湿性があり、補修や取り替えも容易

# 標準化することのメリットをきちんと説明

内外装仕上材を標準化することは、お客が最も理解しやすい「家の見た目」の選択肢を狭めてしまうわけですから、そのマイナスをプラスに変えるよう丁寧にメリットを説明することが大切です。まず説明すべきは、お客のメリットを考えて選定している点。さらに内外装を固定することで、材料のコストダウンや設計者・大工・職人の作業の簡略化、品質の向上などさまざまなメリットがあるという点。それらを事細かく説明します。そして、内外装仕上げの標準化よって超《スーパー》コスパのいい家が成立していることを伝えるのです。大半のお客はその説明に共感してくださり、標準仕様を採用してくださいます。

とはいえ、それでも「床はああしたい。外壁はこうしたい」というお客はいます。したがって、床材であれば広葉樹系の無垢フローリング、外壁材であれば高耐久サイディングなど、オプションをいくつか用意しています。

注意したいのは、内外装仕上げのダウングレードもしくは値引きになるような要望は受けないということです。標準仕様を決めていることでコスト削減が図れているのであり、イレギュラーな仕上げが混在すると結果として管理コストの上昇につながり、デザインのバランスも崩してしまうことをしっかりと説明すべきです。これは構造や断熱などの性能についても同様ですので、きちんと説明しておきましょう。

# 外部は耐久性を重視して
# ガルバリウム鋼板を多用

### 超コスパのいい家の外装の標準仕様

| 部位 | 仕様 | 補足 |
| --- | --- | --- |
| 屋根 | ガルバリウム鋼板縦ハゼ葺き | 雨漏りのない工法 |
| 壁 | ガルバリウム鋼板 | 小波形状ブラック・ダークグレー |
| 庇 | ガルバリウム鋼板造作庇 | 雨の吹込み防止 |
| バルコニー | スチールブラケット+人工木デッキ | メンテナンスが容易 |

ガルバリウム鋼板は大きな傷を受けなければ、ほぼメンテナンスいらずで長期間新築同様の美観を保つことが可能。黒や濃い青などの深い色のものを使うことで、トタンのような鉄板屋根の持つ安っぽい印象も回避できる。

屋根と壁はメンテナンスフリーのガルバリウム鋼板を使用。築年数を経過するごとに美観上の差が生まれる

# 天井高さを2200㎜に固定する

設計の標準化は、材料や建材の種類、寸法、納まりを決めることだけではありません。建物全体の寸法、たとえば高さ寸法なども可能な限り統一することで、さまざまなメリットが生まれます。

当社では天井高さ2200㎜を基準としています。そもそも、当社の営業エリアである東京都下は、小さな敷地に住宅がひしめく住宅密集エリアが多く、敷地の面積は100㎡前後が多いうえに、北側斜線制限が厳しいため、建物の高さは低くなる傾向があります。そのため、当初より天井高さが2200㎜前後になることが多かったのですが、家ごとに数十㎜ずつ高さを変えるのも煩雑だったので、2200㎜に統一しました。

天井高さを統一したことで、サッシや内部建具などの高さも2200㎜とし、天井一杯に納めることですっきりとしたインテリアになっています。また、この天井高さによって建物総高さを抑えられ、屋根が北側斜線によって切り詰められた不自然な形状にしなくて済み、雨漏りリスクも低減することができます。同様に建物を北側に寄せることもできるため、南側に庭をとるにも有利です。もちろん、住まい手によっては2200㎜の天井はやや低いというイメージをもたれることもあるので、部分的に折り上げ天井にしたり吹抜けにしたりして、住まい手が圧迫感を感じないように工夫しています。

## 天井をひと工夫して狭い印象をやわらげる

窓を天井に付けることで、視覚的に部屋を広く感じさせることができる

リビングなどを吹抜け天井にすることで、天井の圧迫感を解消できる

# 間仕切壁と階段は2種類で

納まりに応じて間仕切壁の厚さを何種類も使い分けている場合もありますが、当社では仕上げを含めて65㎜と130㎜の2種類を基本にしています。通常の間仕切壁は極力薄くして65㎜とし、構造柱が納まっている場合は130㎜と使い分けています。壁厚が2種類に絞られることで、下地となる部材の幅も2種類に絞られ、ディテールがかなり簡略化されます。間仕切壁の表面に出てくる化粧の枠材はツガ20㎜厚に統一、天井高さも2200㎜を標準にしていますので、この組み合わせであらゆる部屋の間仕切壁をつくっています。

階段は1坪の面積で納まるように設計し、基本的に2パターンに集約しています。この2つのパターンのうち、コの字形の回り階段は南北間口で3間幅以上が取れるプランに主に採用し、直線型の鉄砲階段は南北方向の間口が扁平なプランに用いるなど、プランに応じて使い分けています。

階段は既製品を使わず、スギの無垢材を使用しますが、種類ごとに寸法やディテールはすべて統一されており、事前にいつも利用してる木工の工場に簡単な図面とともに発注をかけることで、プレカット品を現場に納品してもらっています。なお、プランによっては階段の形状を微調整する必要が生じることがありますが、その場合は、昇り口の向きを変えたりすることで比較的容易に対応可能です。

# 間仕切壁と階段も既製品を使わずに省力化

厚さ130㎜の間仕切壁。構造柱などを納める場合に使われる

厚さ65㎜の間仕切壁。通常の部屋の仕切りなどに使われる

回り階段（コの字形階段）は1坪の正方形にコンパクトに収めることが可能。南北間口で3間幅以上が取れるプランに主に採用している

直線階段は細長いスペースに使えるため、南北方向の間口が扁平なプランに用いるとよい

# 間取りの固定化は諸刃の刃

設計の合理化を突き詰めれば、最終的には規格住宅や建売住宅のように間取りを固定化することに行き着くのかもしれませんが、当社では以下に考えるデメリットを理由に間取りの固定化を行っていません。

間取りを固定した場合、設計の必要はほぼなくなり、すべての材料も寸法も納まりも決まってしまうので、建築費は極限まで削減できますが、間取りやデザインが変更できないことを受け入れられるお客の絶対数は少なく、もっといえば注文住宅を購入する層からはかけ離れてしまいます。その結果、既存のお客を振るい落とすことになってしまい、お客の減少を補うために商圏を広くする必要が生じ、過去の連載で説明した「商圏を絞る、広告費を抑える」戦略から外れてしまいます。

また、実質的に注文住宅でなくなることで、コンセプト的には建売住宅や規格住宅と競合することになり、値付けも難しくなります。もちろん、グレードの高い規格住宅という道もありますが、なかなか売り方が難しい商品となってしまう可能性があります。いずれにしても、敷地を読み、生活スタイルやお客の要望を汲み取る「注文住宅」のなかにあってこその「超《スーパー》コスパのいい家」ということに価値があり、この点においては揺らぎなくやっていくべきだと思います。

# ウッドシップの規格住宅「平屋プレミアム」

平屋＋ロフトでつくる1.5階がコンセプトの住宅。2階の天井高さを抑えることで、軒高4.1m、最高高さ5.4mに納めた。価格は設計料・床下暖房など設備込みで1,980万円（税込）

1階は居間を中心としたワンルーム空間。2階は大きな吹抜けを中心に天井高さが取れる場所は居室、天井高さが取れない場所は納戸としている

**酒井 忠雄**（さかい・ただお）

1958年広島県瀬戸内の海辺に生まれる。東京学芸大学中退後、流通業界の財務セクション勤務を経て、東京都立足立技術専門校にて家具木工を学ぶ。一級大工技能士を習得後、現場監督として規格型住宅の開発に取り組み、エコビルド大賞、グッドデザイン賞などの受賞住宅に携わる。2008年ウッドシップ株式会社設立。1人で起業し、現在は社員12名、東京都小平市を中心に年間25棟の自然素材の注文住宅を受注する。業界内グループには属さず、独自の設計・施工体制と営業戦略で『超コスパのいい家』を追求し続けている。共著に『木造住宅のつくり方』『木造・S造・RC造現場写真帖』（ともにエクスナレッジ刊）など。

ウッドシップ株式会社
東京都小平市学園西町2-15-8
TEL 042-409-8801
https://www.woodship.jp/

**超《スーパー》コスパのいい家のつくり方**

2021年12月2日　初版第一刷発行

発行者　澤井聖一
発行所　株式会社エクスナレッジ
〒106-0032東京都港区六本木7-2-26
https://www.xknowledge.co.jp/

編　集　TEL：03-3403-1381／FAX：03-3403-1345
info@xknowledge.co.jp
販　売　TEL：03-3403-1321／FAX：03-3403-1829

無断転載の禁止
本書掲載記事（本文、図表、イラスト等）を当社および著作権者の承諾なしに無断で転載（翻訳、複写、データベースへの入力、インターネットでの掲載等）することを禁じます。